T0267883

CÓMO CAMBIAR CREENCIAS CON LA

PROGRAMACIÓN NEUROLINGÜÍSTICA

La información contenida en este libro se basa en las investigaciones y experiencias personales y profesionales del autor y no debe utilizarse como sustituto de una consulta médica. Cualquier intento de diagnóstico o tratamiento deberá realizarse bajo la dirección de un profesional de la salud.

La editorial no aboga por el uso de ningún protocolo de salud en particular, pero cree que la información contenida en este libro debe estar a disposición del público. La editorial y el autor no se hacen responsables de cualquier reacción adversa o consecuencia producidas como resultado de la puesta en práctica de las sugerencias, fórmulas o procedimientos expuestos en este libro. En caso de que el lector tenga alguna pregunta relacionada con la idoneidad de alguno de los procedimientos o tratamientos mencionados, tanto el autor como la editorial recomiendan encarecidamente consultar con un profesional de la salud.

Título original: CHANGING BELIEF SYSTEMS WITH NLP
Traducido del inglés por Celestial Connection, Inc.
Diseño de portada: Editorial Sirio, S.A.

© de la edición original
  1990 de Meta Publications y © 2018 de Dilts Strategy Group

© de la presente edición
  EDITORIAL SIRIO, S.A.
  C/ Rosa de los Vientos, 64
  Pol. Ind. El Viso
  29006-Málaga
  España

www.editorialsirio.com
sirio@editorialsirio.com

I.S.B.N.: 978-84-19685-85-8
Depósito Legal: MA-2123-2024

Impreso en Imagraf Impresores, S. A.
c/ Nabucco, 14 D - Pol. Alameda
29006 - Málaga

Impreso en España

Puedes seguirnos en Facebook, Twitter, YouTube e Instagram.

El papel utilizado para la impresión de este libro está **libre de cloro** elemental (ECF) y su procedencia está certificada por una entidad independiente, no gubernamental, que promueve la sostenibilidad de los bosques.

ROBERT DILTS

CÓMO CAMBIAR CREENCIAS CON LA

PROGRAMACIÓN NEUROLINGÜÍSTICA

EDITORIAL
SIRIO

ÍNDICE

Agradecimientos 9

Introducción 13

Cap. I - Naturaleza de las creencias 17

Cap. II - Las creencias sobre la propia aptitud 45

Cap. III - Sistemas de creencias y creencias núcleo 91

Cap. IV - Cómo integrar creencias conflictivas 175

Cap. V - Sistema de creencias y relaciones 217

Cap. VI - Conclusión 229

Apéndice A - Patrones de metaprogramas 235

Apéndice B - Predicados y movimientos oculares 237

Apéndice C - Niveles neurológicos 241

Apéndice D - Submodalidades y metamodalidades 245

Glosario de terminología PNL 247

DEDICATORIA

Con el respeto más profundo, dedico este libro a los pueblos del Este de Europa, que han mostrado al mundo el poder y el alcance de un verdadero cambio de creencias.

AGRADECIMIENTOS

En la creación o desarrollo de algo –ya se trate de un objeto, una teoría, una técnica o una idea– siempre influyen un cierto número de elementos. La mayoría de los productos de la creación tienen tanto un aspecto conceptual como operativo. Los elementos conceptuales son las ideas que sirven como base teórica del producto. Los operativos, por su parte, están relacionados con la implementación de tales ideas. En términos del desarrollo conceptual y operativo, existen determinados papeles básicos. En un principio, tenemos el papel del creador primario, que típicamente sirve de punto focal para el desarrollo. Y luego están los antecedentes operativos y conceptuales, y también aquellos que realizan adaptaciones y mejoras posteriores.

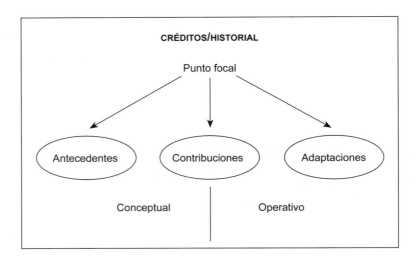

Aunque yo he funcionado como punto focal para el desarrollo de las técnicas descritas en este libro, hay muchas personas a quienes debo reconocer y agradecer sus papeles de apoyo.

Por ejemplo, la técnica de la reimprontación tiene tanto una historia conceptual como una operativa. Conceptualmente, la reimprontación procede del concepto de «improntar» de Konrad Lorenz, que posteriormente fue ampliado por Timothy Leary y convertido en «reimprontación». También está basada conceptualmente en las ideas de Sigmund Freud expuestas en *Estudios sobre la histeria* y en el trabajo sobre los sistemas familiares de Virginia Satir. Sin embargo, operativamente, la reimprontación tiene que ver con la técnica de programación neurolingüística (PNL) denominada historia del cambio, desarrollada por Richard Bandler y John Grinder.

La técnica del fallo en la retroalimentación es una extensión del trabajo sobre estrategias cognitivas realizado por mis colegas y yo en los primeros días de la PNL, recogido en el libro *Programación neurolingüística*, vol. 1. No obstante, los aspectos innovativos del proceso fueron sugeridos por los trabajos realizados por Max Wertheimer y sus colegas, en el área de la psicología gestalt.

El proceso de integración de creencias procede operativamente de una combinación de las técnicas de la PNL llamadas *squash visual* (o técnica de resolución de conflictos) y *reframing* (o reencuadre). Conceptualmente ha sido muy influenciado por los trabajos de Fritz Perls y Virginia Satir.

El concepto de los niveles lógicos proviene de las aplicaciones de dichos niveles realizadas por Gregory Bateson en sus estudios sobre sistemas y esquizofrenia, y gran parte de la inspiración para aplicar tales métodos se deriva del innovador trabajo de Milton H. Erickson.

La fiscalización de la línea del tiempo procede de una serie de seminarios que realicé con John Grinder llamados «Sintaxis», al igual que la identificación y el cambio físico de las posiciones perceptivas de la técnica del metaespejo.

Mi colega Todd Epstein me ha dado un notable apoyo conceptual y operativo, sirviendo de primer banco de pruebas para muchas de mis ideas.

En lo referente a la producción del libro, hago patente mi agradecimiento a Louis Bellier, que transcribió y preparó el manuscrito inicial, y a Alain Moenart y Anne Pierard, que patrocinaron el seminario del cual surgió dicho manuscrito.

INTRODUCCIÓN

Las creencias son una fuerza muy poderosa dentro de nuestra conducta. Es bien sabido que si alguien realmente cree que puede hacer algo, lo hará, y si cree que es imposible hacerlo, ningún esfuerzo por grande que este sea logrará convencerlo de que se puede realizar. Creencias tales como «ya es demasiado tarde», «de todos modos no puedo hacer ya nada» o «me ha tocado a mí» pueden con frecuencia limitar el aprovechamiento integral de los recursos naturales de la persona y de su competencia inconsciente. Nuestras creencias acerca de nosotros mismos y de lo que es posible en el mundo que nos rodea tienen un gran efecto sobre nuestra eficacia cotidiana. Todos mantenemos creencias que nos sirven como recursos y también otras que nos limitan.

La mayoría de las personas reconocen que sus creencias pueden afectar a su salud, tanto directamente como de un modo indirecto. Por lo general no es difícil identificar las creencias negativas que provocan problemas relacionados con la salud del individuo, como el abuso de ciertas sustancias, la fatiga constante, la disminución del nivel de las defensas naturales y el estrés. Sin embargo, ¿qué podemos hacer para sustituir las creencias negativas por otras que contribuyan a mejorar nuestra salud?

Casi todos los profesionales de la salud reconocen que la actitud del paciente es un factor muy importante, que contribuye en gran medida al éxito de su recuperación. No obstante, existen muy pocos métodos explícitos y confiables que permitan ayudar al enfermo a superar su miedo o su apatía y lograr así una «actitud positiva» y congruente.

A lo largo de la historia de la investigación médica, los placebos han demostrado ser tan potentes como muchos medicamentos. Sin embargo, el origen concreto de su poder sigue siendo un misterio. Muchos investigadores creen que un «efecto placebo contrario» puede incluso enfermar a muchas personas. ¿Será posible explotar y canalizar directamente ese poder para lograr el éxito en la recuperación?

Las creencias que los demás tienen acerca de nosotros también pueden afectarnos. Esto se hizo evidente por un estudio revelador, en el que un grupo de niños de inteligencia normal fue dividido al azar en dos grupos iguales. Uno de ellos fue asignado a un maestro a quien se le dijo que aquellos niños eran casi «superdotados». El otro, a un maestro a quien se le dijo que los niños eran un poco «torpes». Al año se les hicieron de nuevo test de inteligencia a ambos grupos. La mayoría de los estudiantes del grupo que arbitrariamente había sido definido como «superdotado» obtuvieron una puntuación más alta que la lograda anteriormente, mientras que la mayoría del que fue etiquetado como «torpe» ¡obtuvo puntuaciones más bajas! Las creencias de los maestros sobre sus alumnos afectaron a la capacidad de aprendizaje de estos.

Nuestras creencias pueden moldear, influir e incluso determinar nuestro grado de inteligencia, nuestra salud, nuestra creatividad, la manera en que nos relacionamos e incluso nuestro grado de felicidad y de éxito personal. Pero, si en verdad las creencias son una fuerza tan poderosa en nuestras vidas, ¿sería posible controlarlas para que no nos controlen ellas a nosotros? Muchas de nuestras creencias nos fueron implantadas durante la infancia por nuestros padres, por los maestros, por el entorno social y por los medios de comunicación, mucho antes de que nos diéramos cuenta de sus efectos o de que fuéramos capaces de elegir entre ellas. ¿Será posible reestructurar, desaprender o cambiar viejas creencias que nos limitan e instalar en su lugar otras nuevas capaces de ampliar nuestro potencial mucho más allá de lo que actualmente imaginamos? Si la respuesta es sí, ¿cómo lo hacemos?

La programación neurolingüística (PNL) nos proporciona un poderoso y atractivo modelo mental y también un conjunto de herramientas de conducta que permiten el acceso a algunos de los mecanismos ocultos de las creencias. A través del proceso de PNL, las creencias y los elementos físicos y neurolingüísticos que influyen en ellas pueden ser explorados e influenciados de manera total y práctica.

Este libro es el resultado de mi propia exploración sobre los procesos que influyen en las creencias, utilizando las herramientas de la PNL. La esencia de esta obra procede de un seminario realizado sobre este mismo tema: la modificación de las creencias. Espero haber sido capaz de preservar parte del ambiente y de la enseñanza interactiva que siempre emanan del trabajo directo con seres humanos y con sus creencias.

CAPÍTULO I

NATURALEZA DE LAS CREENCIAS

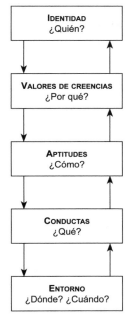

Figura 1. Niveles lógicos de organización en todo sistema

El cerebro, y de hecho, cualquier sistema biológico o social, está organizado en niveles. Tu cerebro funciona a diferentes niveles. Como consecuencia de ello, puedes tener diferentes niveles de existencia y de pensamiento. Al tratar de entender el funcionamiento del cerebro, o intentar cambiar conductas o comportamientos, es necesario tener en cuenta esos diferentes niveles. Lo mismo ocurre en un sistema empresarial, donde hay distintas jerarquías de organización.

Desde el punto de vista psicológico parece que son cinco los niveles con los que trabajamos la mayor parte del tiempo: (1) El nivel básico es nuestro entorno o ambiente, nuestras restricciones externas; (2) actuamos en ese entorno a través de nuestra conducta; (3) nuestra conducta está dirigida por nuestros mapas mentales y estrategias, las cuales definen nuestras aptitudes; (4) esas aptitudes están organizadas por los sistemas de creencias —el tema de este trabajo—, y (5) las creencias están organizadas según su identidad.

Cuando una persona experimenta cualquier tipo de dificultad, lo que nos gustaría saber es: ¿proviene esa dificultad de su contexto externo o de su carencia del tipo específico de conducta requerida para ese entorno? ¿Es porque no ha desarrollado la estrategia o mapa adecuado para generar dicha conducta? ¿Quizás porque carece de creencias, o porque tiene creencias contrarias que interfieren con su vida o con sus resultados? Y finalmente, ¿existe alguna interferencia a nivel de identidad del sistema en su conjunto?

Para todo aquel que trabaje en las áreas de aprendizaje, comunicación o cambio, estas distinciones son muy importantes.

EJEMPLOS DE NIVELES LÓGICOS

LOS NIVELES LÓGICOS EN UNA PERSONA

Supongamos, por ejemplo, que un niño no hace bien un examen. El maestro podría decir: «No es culpa tuya. Había mucho ruido en el aula o bien ocurrió algo que te dificultó hacer el examen debidamente». En otras palabras, el problema está en el entorno y no tiene que ver contigo en absoluto. Por supuesto, esto genera una menor presión sobre el estudiante.

Pero el maestro también podría indicar, centrándose en una conducta específica: «Has hecho mal el examen». En este caso la responsabilidad recae sobre el estudiante.

En cuanto a las aptitudes, el maestro podría decir: «No estás bien en esta materia, tus aptitudes para las matemáticas, la ortografía —o lo que sea— no están suficientemente desarrolladas». En este caso la implicación es más amplia.

Con respecto a los valores, el maestro podría decir: «¡Bueno, esto no es lo importante! Lo que importa es que disfrutes mientras aprendes». Aquí está reforzando la creencia de que no es importante obtener una buena calificación, sino disfrutar del aprendizaje. Ya hemos saltado al nivel de creencia. Ya estamos más allá del sujeto, abarcando todo el proceso de aprendizaje.

Por lo que hace a la identidad, el maestro podría decir: «Eres un mal estudiante», o «Estás incapacitado para estudiar» o «Las matemáticas no son lo tuyo». Palabras estas que afectarán a la totalidad del ser del niño. Este nivel de identidad difiere del nivel de aptitudes. No es lo mismo creer que no soy capaz de sobresalir en una materia en particular que creer que soy tonto.

Estos ejemplos nos están demostrando ya el impacto que tienen los distintos niveles. Hay una gran diferencia entre alguien que afirma: «No soy capaz de controlarme con la bebida» y quien dice: «Soy alcohólico y siempre lo seré».

Cualquier cosa que asumamos como parte de nuestra identidad comenzará a ejercer un impacto muy profundo en nosotros.

LOS NIVELES LÓGICOS EN UNA COMPAÑÍA

Los mismos niveles que funcionan en la persona lo hacen en organizaciones y grupos. Veamos un ejemplo.

La mayoría de nosotros sabemos lo que es un ratón (*mouse*) de ordenador. Pero ¿quién lo inventó? Mucha gente cree que el ratón fue inventado por Apple —como sabéis, Apple vende los ordenadores Macintosh—, pero en realidad fue Xerox el que se gastó algo así como dos mil millones de dólares en el desarrollo del STAR, un antepasado del Macintosh. Xerox estuvo trabajando mucho tiempo para Apple aunque, por supuesto, sin saberlo.

Lo sucedido en este caso nos puede dar una idea de cómo estos niveles funcionan dentro de una compañía.

A principios de la década de los ochenta, John Grinder, Richard Bandler y yo realizamos un trabajo de asesoría para Xerox. Recuerdo haber visto todos esos proyectos informáticos en su centro de investigación de Palo Alto, California. En aquella época, Xerox se encontraba en una situación muy interesante (esto también os mostrará lo poderosos que pueden ser los metaprogramas de las empresas. Ver en el apéndice A una lista de modelos de metaprogramas). Si queréis saber cuál era la identidad y el metaprograma de Xerox, os lo voy a decir. Era este: «¿Cómo puedo hacer una copia mejor?».

Lo cual significa un ajuste a pasados positivos. Ya sabéis lo que ellos fabrican: fotocopiadoras.

Pero se les presentó un problema. Un día, uno de sus investigadores tuvo que ir a las oficinas centrales del periódico *Los Angeles Times*, y allí se dio cuenta de que en todo el edificio no había un solo papel. Todo el mundo, en ese importante periódico, trabajaba con ordenadores y correo electrónico.

Esto los llevó a algo a lo que no estaban acostumbrados en Xerox. Tuvieron que estudiar el futuro y comenzar a ajustarse a futuros negativos. ¿Qué puede hacer una compañía que se gana la vida gracias a que la gente copia papeles, cuando se da cuenta de que en las oficinas de dentro de diez años tal vez no haya papeles?

Así fue como Xerox se adentró en el campo de los ordenadores personales: intentando alejarse de futuros negativos.

El problema es que cuando uno dice «Xerox», ¿alguien piensa en un ordenador? Lo que nos viene rápidamente a la cabeza es una fotocopiadora. Xerox estaba ya desarrollando esos ordenadores, pero todo eso no encajaba con su identidad, ni tampoco con su sistema de creencias corporativas. Ni tan siquiera encajaba con sus aptitudes.

La compañía tenía una notable capacidad de investigación y desarrollo, pero el resto de su estructura no estaba preparada para la aventura de los ordenadores.

Les dijimos que estaban intentando dar un salto demasiado grande. Trataban de crearse una identidad completamente nueva. Y al hacer esto siempre surgen conflictos. Conflictos entre la identidad vieja y la nueva, entre los valores antiguos y los modernos. Y eso fue exactamente lo que sucedió en Xerox.

No sé si alguno de vosotros llegasteis a conocer sus ordenadores personales. Finalmente crearon uno, e incluso trataron de venderlo.

De hecho, lo que sucedió fue muy interesante: nos muestra claramente el poder de las creencias y el nivel de identidad de los metaprogramas y también nos muestra cómo funcionan en el interior de una compañía.

Dos ejemplos:

1. Al presentar dichos ordenadores al personal de la compañía, utilizaron la caracterización del inventor de la primera copiadora Xerox —fallecido hacía ya unos quince años—. Parece un poco morboso que lo resucitaran de entre los muertos para ese acto. Dicho personaje presentó al ordenador Xerox como la última y mejor versión de la máquina Xerox: «Esta es la mejor copia de lo que yo intenté hacer», dijo.

2. En la campaña publicitaria para promocionar a este ordenador, el personaje que utilizaron fue... ¡un monje! Por supuesto, al pensar en tecnologías sofisticadas un monje no es precisamente lo primero que nos viene a la mente. ¿Qué hace un monje? Un monje se sienta y copia manuscritos. La compañía Xerox estaba tan atrapada en su metaprograma que no fue capaz de darse cuenta de que este no encajaba en el ambiente en el que estaban intentando entrar.

De este modo, el antepasado del Macintosh empezó solo como una idea surgida de la capacidad —aptitudes— de investigación y desarrollo —I + D— de Xerox. Al principio no representó ninguna amenaza para nadie. Era algo muy pequeño, que estaban haciendo en el centro de investigación. Quienes allí trabajaban podían ir con pantalón vaquero y cabello largo pues, en aquel preciso momento de la historia de la tecnología, si uno era de investigación y desarrollo y no andaba en vaqueros o no tenía el cabello largo y barba, todo el mundo habría desconfiado de sus conocimientos. Si a alguien del centro de investigación se le hubiera ocurrido ir a trabajar con corbata y bien afeitado, muchos se habrían preguntado si realmente sabía algo de ordenadores.

A medida que empezó a invertir más en esta nueva tecnología y a operar más lejos del futuro negativo, Xerox comenzó a desarrollar la creencia de que dicha tecnología era algo vital para la propia supervivencia de la compañía. E intentó hacerla parte de su identidad.

En el centro de investigación las cosas también empezaron a cambiar. Les dijeron: «Esto va a convertirse en una parte seria de Xerox; por lo tanto van a tener ustedes que acomodarse al resto de nuestra identidad: es necesario que se afeiten, que se corten el cabello y que vengan con corbata».

Los metaprogramas de quienes proyectan y crean nuevos productos nunca suelen ajustarse al presente. A menudo desprecian el actual estado de cosas, y prefieren encajar con el futuro. Además, este tipo de personas desean tener su propia identidad, no solo ser parte de una identidad mayor. Quieren ser la parte principal de dicha identidad.

Por ello cuando Steve Jobs, de Apple, fue y les dijo que iba a hacer de esa tecnología suya el corazón de la identidad de Apple y que la iba a utilizar para cambiar el mundo, ¿qué crees que hicieron los del centro de investigación y desarrollo? Estos investigadores ya tenían un conflicto de identidad con Xerox y no estaban dispuestos a ser solo una pequeña parte de dicha identidad, pudiendo convertirse en el símbolo corporativo de Apple y Macintosh. Aceptaron inmediatamente.

El asunto es que también en los negocios hay diferentes niveles y se dan distintos tipos de reacciones y respuestas al pasar de un nivel a otro.

Nosotros recomendamos a Xerox que hiciera lo que luego parece que hicieron. Les dijimos que no se embarcaran de golpe en los ordenadores personales, sino que fueran paso a paso y manejaran su propia identidad, lo cual significaba, por ejemplo, comenzar incorporando accesorios informatizados a sus máquinas Xerox.

Si tu preocupación es que en el futuro no va a haber papel, lo que debes hacer es desarrollar aparatos capaces de escanear documentos y digitalizar los datos contenidos en ellos. En lugar de gastarte el dinero fabricando ordenadores personales, debes desarrollar una tecnología que se ajuste más a lo que ya eres.

Y eso es lo que creo que finalmente hicieron.

Cambiaron su personaje publicitario adoptando a Leonardo da Vinci, cuya imagen es distinta a la de un monje y simboliza mucha más creatividad. Pero siempre al cambiar los productos es necesario cambiar también el metaprograma.

LOS NIVELES LÓGICOS EN LOS SISTEMAS FAMILIARES

Lo mismo que sucedió en Xerox ocurre en la familia cuando un adolescente crece. También hay una identidad familiar. Al principio el niño es más o menos parte del ambiente. Nos ocupamos de él y pronto comienza a caminar y a desarrollar conductas y comportamientos. Entonces hay que empezar a enseñarle aptitudes: cómo guiar esas conductas, cómo aprender algo más, que no sea solo romper cosas. Y, por supuesto, en la escuela el niño desarrollará directamente cada vez más aptitudes.

Pero los problemas se inician cuando el niño empieza a desarrollar sus propias creencias. Y cuando desarrolla su propia identidad, el conflicto finalmente estalla. Por regla general, los hijos desean desarrollar su propia identidad y no ser solo una parte de la familia. Quieren ser ellos mismos. Ya no les interesa hacer las cosas porque los padres lo digan, o porque es lo que la familia desea. Quieren hacer algo porque ellos mismos han decidido hacerlo y no porque nadie les diga que es lo mejor.

Piensa en esto.

¿Cómo sabes que estás haciendo algo porque realmente quieres hacerlo? ¿Cómo sabes que no estás siendo influido por lo que otras personas te han dicho, o por el hecho de que recibirás un castigo si no lo haces?

Una forma es hacer algo que nadie quiere que hagas, sabiendo que serás castigado. Obviamente, si lo haces será únicamente por decisión tuya. Si todos los demás te están diciendo que no lo hagas, porque en ese caso te vas a buscar problemas, es evidente que si decides hacerlo eres tú quien lo ha decidido. No pudo ser nadie más.

Otra forma en la que la gente reconoce su identidad es buscando aquello que no pueden cambiar: «Si no puedo cambiarlo, debe de ser parte de mí, debo de ser yo». Si no sé cómo cambiarlo, tengo que aceptarlo como una parte mía. Eso que permanece invariable se convierte entonces en el hilo que une todas mis experiencias.

Más adelante volveremos a hablar de algunos de estos aspectos de la identidad. Sin embargo, quiero ya pasar al contenido del libro, que es el manejo de las creencias.

EL PAPEL DE LAS CREENCIAS

Algo muy interesante de las creencias es que, debido al hecho de que se hallan en un nivel distinto al de la conducta y al de las aptitudes, no cambian de acuerdo con las mismas normas.

Un ejemplo de esto lo vemos en el relato clásico que describe las anormalidades psicológicas de un hombre que está convencido de que es un cadáver. No come, ni va a trabajar. Todo lo que hace es permanecer sentado, repitiendo que es un cadáver.

El psiquiatra trata de convencerlo de que en realidad no está muerto. Después de estar un buen rato discutiendo, finalmente el psiquiatra le pregunta: «¿Los cadáveres sangran?».

Tras pensarlo un momento nuestro hombre responde: «No, en un cadáver todas las funciones corporales han quedado ya interrumpidas, por lo cual no puede sangrar».

Entonces el psiquiatra le dice: «Bien, vamos a hacer un experimento: voy a tomar una aguja y te voy a pinchar el dedo para ver si sangras».

Como el paciente es un cadáver no puede hacer gran cosa para evitarlo, de modo que el psiquiatra lo pincha con una aguja y la sangre brota al instante. El hombre la mira muy sorprendido y exclama: «¡Ahora resulta que los cadáveres sí sangran!».

El asunto es que cuando tienes una creencia, ninguna evidencia ambiental o conductual la cambiará, pues las creencias no están basadas en la realidad. Tienes dicha creencia en lugar de tener un conocimiento de la realidad. Las creencias tratan de cosas que nadie puede saber realmente. Si alguien tiene una enfermedad terminal no sabe si va a recuperarse. No hay una realidad presente que le diga si se va a recuperar o no. Y precisamente porque nadie sabe cuál es la realidad, tiene que creer que va a recuperarse.

Otro ejemplo es la idea de la existencia de Dios. No existe modo alguno de demostrarla definitivamente. Es una cuestión de creencia o de interpretación de ciertos hechos. Y, al igual que ocurre con el mencionado paciente del psiquiatra, en los sistemas de creencias los hechos pueden ser ubicados de modos muy distintos.

Aunque el caso del paciente que creía ser un cadáver es un relato humorístico, yo he conocido casos muy similares. Algunas personas con enfermedades terminales como sida o cáncer, por ejemplo. Afirman que están muertos, que ya son cadáveres. ¿Qué puede importar ya lo que hagan? De todos modos se van a morir. ¿Por qué molestarse en hacer algo? Incluso ante evidencias claras de mejoría responden que se trata «solo» de una remisión y que en realidad no están mejorando. No quieren engañarse a sí mismos; la única situación que aceptan es que van a morir. Toda conversación con ese tipo de personas nos llevará tan lejos como al psiquiatra del relato.

Hay muchas evidencias que demuestran que la actitud y las creencias positivas pueden mejorar la salud en casos de enfermedades muy graves. Pero ¿qué se puede hacer para que alguien que cree que es un cadáver crea que está vivo y sano? Os puedo asegurar que hablando con ellos no lo vais a conseguir. Estoy seguro de que en algún momento de vuestras vidas muchos de vosotros habéis tratado de cambiar las creencias de alguien conversando con él. Ya sabéis que se puede desperdiciar mucho tiempo en el intento.

Las creencias funcionan en un nivel distinto al de la realidad ambiental y conductual, y por tanto no cambian mediante los mismos procesos. En una compañía, los valores corporativos y las políticas se modifican mediante un proceso muy distinto al utilizado para cambiar la maquinaria.

Para entender mejor el papel que juegan las creencias y los procesos que influyen en ellas, vamos a repasar tres estudios que tratan de cómo las creencias funcionan en el campo del cambio conductual.

1. LA PÉRDIDA DE PESO

Un practicante de PNL conocido mío decidió hacer una investigación sobre los programas de adelgazamiento o pérdida de peso. En los Estados Unidos los programas de adelgazamiento constituyen un negocio que mueve miles de millones de dólares. Y lo más interesante es que muchas de las dietas y programas son radicalmente diferentes unos de otros.

De hecho, algunos incluso son totalmente opuestos a otros. Unos dicen: «Puedes comer todo lo que quieras, con tal de que hagas ejercicio físico». Mientras tanto, otros aseguran: «No importa el tipo ni la cantidad de ejercicio que hagas, pues básicamente se trata de un problema nutricional». Algunos tan solo regulan el tipo de alimentos que se pueden tomar, mientras que otros incluyen complementos nutritivos.

Pero lo más sorprendente es que todos ellos funcionan en algunos casos. Es decir, todos son efectivos para algunas personas. Así, este investigador, en lugar de dedicarse a analizar los diferentes programas, se centró en las personas. ¿Qué ocurrió? ¿Por qué funcionaron?

Descubrió que todos esos individuos tenían dos características comunes, independientemente de cuál fuera el plan o la dieta que hubieran utilizado.

La primera de ellas es que el inicio de dicha dieta estuvo acompañado por otro cambio importante en sus vidas, ya se tratara de un cambio en el trabajo, en sus relaciones o en su entorno, si es que se mudaron de lugar de residencia. Es decir, que la dieta se siguió junto con otra transformación importante.

La segunda cosa que todos ellos manifestaron fue algo así como: «Esta vez realmente estaba preparado para cambiar». Estaban preparados, estaban listos para adelgazar y yo creo que la cualidad de ese estar listo es muy importante, especialmente en relación con las creencias.

Cuando un paciente que llega a tu consulta está listo para cambiar, le puedes soplar y seguro que lo hará. Cualquier cosa que le hagas servirá, pues prácticamente está esperando que alguien le dé permiso para cambiar.

Hay un chiste que pregunta cuántos psicoanalistas hacen falta para cambiar una bombilla.

Solo uno, pero se necesita mucho tiempo, es un proceso caro y además la bombilla debe estar preparada y lista para cambiar.

Por tanto, aquí la pregunta importante es: ¿cómo hacemos para que alguien esté listo para cambiar?

Si alguien cree que puede cambiar, sin duda lo hará.

2. La recuperación de un cáncer terminal

Otra investigación muy interesante fue la realizada por alguien que entrevistó a cien supervivientes de cáncer. A todos ellos les habían diagnosticado un cáncer terminal. Sin embargo, entre diez y doce años después estaban vivos y se sentían perfectamente bien.

Se entrevistó a los cien tratando de averiguar qué tenían en común. Sin embargo, los resultados de la investigación pusieron de manifiesto que los tratamientos seguidos habían sido muy diferentes unos de otros.

Algunos siguieron el tratamiento médico usual: cirugía, quimioterapia y radiación. Otros fueron tratados mediante terapias alternativas, como por ejemplo la acupuntura. Otros simplemente adoptaron una dieta muy estricta o un cierto esquema nutritivo. Otros siguieron senderos psicológicos o religiosos. Y otros no hicieron absolutamente nada.

Lo único que esas cien personas tenían en común era el hecho de que todas ellas creían que lo que estaban haciendo las iba a curar.

3. LOS PLACEBOS

En la historia de la medicina tenemos una muy interesante demostración del poder de las creencias: los placebos.

El efecto placebo se refiere al hecho de que algunas personas que creen que están recibiendo medicación para su enfermedad mejoran o incluso se curan, cuando en realidad lo que están tomando no es ninguna medicina ni tiene efecto terapéutico alguno sobre su dolencia. Realmente es un campo atrayente para el investigador.

Me ocupé de los placebos por primera vez hace ya unos doce años, cuando estaba realizando una investigación para Grinder y Bandler, que entonces estaban interesados en comercializar placebos. Los iban a vender en tarros etiquetados así, «PLACEBOS», y querían recopilar todas las investigaciones efectuadas para incluirlas en un librito que iría junto al tarro de placebos.

Las investigaciones realizadas sobre los placebos suman volúmenes y volúmenes —en los Estados Unidos todos los medicamentos deben ser comprobados junto a un placebo—. El resultado de estas investigaciones muestra que aproximadamente un tercio de todas las ocasiones en que se utiliza —de hecho más de un tercio— el placebo es tan efectivo como el medicamento real. Esta es la media, aunque en algunos estudios los placebos han sido tan efectivos como la morfina, por ejemplo, en un cincuenta y cuatro por ciento de los casos

Un investigador incluso realizó el experimento a la inversa. Tomó personas que respondían a los placebos y a otras que generalmente no lo hacían y les administró medicamentos reales. Se trataba de medicamentos para el dolor, entre ellos morfina. El resultado mostró que quienes usualmente respondían a los placebos lo hicieron ante la morfina en un noventa y cinco por ciento de los casos. Sin embargo, la morfina solo resultó efectiva en un cincuenta por ciento de las personas que usualmente no reaccionaban ante los placebos. Esta diferencia de aproximadamente un cincuenta por ciento nos muestra que en algunas ocasiones, para que puedan causar efecto, incluso los verdaderos medicamentos necesitan que se crea en ellos.

En el tratamiento del cáncer los placebos han demostrado repetidamente su efectividad. De hecho, en cierto estudio se administró a un grupo de pacientes «quimioterapia de placebo» y un tercio de ellos perdió todo el cabello.

La máquina de *electroshock* más efectiva de todo el estado de California es una que hace ya tres años que está averiada. Antes de conectarlos a ella se les administra a los pacientes mentales un anestésico general y creen que están recibiendo los *electroshocks*, cuando en realidad no es así. Y el hecho es que estos *electroshocks* falsos son más efectivos que los reales.

Lo que Grinder y Bandler pensaban hacer era publicar el porcentaje estadístico de efectividad de los placebos para los distintos síntomas, relacionándolos en una lista, de modo que el comprador viera el porcentaje de posibilidades que tenía de curarse. La etiqueta diría: «Los placebos no son efectivos para todo el mundo, pero pueden serlo para usted».

Por supuesto, esperaban una airada reacción de las asociaciones médicas y farmacéuticas. Justo en mitad de la controversia pensaban lanzar el *placebo plus*: veinte por ciento más de ingredientes inertes en cada cápsula.

De hecho había ya estudios que demostraban que una pastillita roja, muy pequeña y cara, era mucho más efectiva que otra blanca, más grande y menos compacta. Es decir, que no todas las medicinas son iguales.

Posteriormente pensaban lanzar el *megaplacebo*, y así sucesivamente. Me temo que el gobierno les aconsejó que abandonaran su proyecto. Quizás se llegó a temer que la industria farmacéutica del país pudiera quebrar.

EXPECTATIVAS SOBRE LA PROPIA EFICACIA: RELACIÓN ENTRE CREENCIAS, APTITUDES Y CONDUCTAS

El asunto es que los placebos demuestran claramente el papel y el potencial de las creencias. Toda creencia está relacionada con el futuro. Su función tiene que ver con la activación de las aptitudes y las conductas. Los seres humanos tenemos la capacidad de influenciar ciertos procesos biológicos, pero nunca lo hacemos porque no creemos que eso sea posible.

Hasta que se comenzó a utilizar el *biofeedback* (retroalimentación biológica) nadie pensó que fuera posible influir sobre el propio ritmo cardíaco o sobre la presión sanguínea. En la actualidad estamos comenzando a pensar que sí es posible desarrollar este tipo de aptitudes. En cuanto la gente empiece a creer que puede influir sobre el cáncer o sobre el sistema inmunitario, iniciará el proceso de aprendizaje mediante los inevitables ensayos y errores, para así ir desarrollando las correspondientes aptitudes o habilidades. En esto es en lo que me quiero centrar por el momento.

Albert Bandura, de la Universidad de Stanford, tiene un concepto que él llama expectativas sobre la propia eficacia, es decir, las creencias que uno tiene acerca de su propia capacidad para hacer algo. Tras tomar a un grupo de gente que tiene miedo a las serpientes, califica sus creencias sobre su propia capacidad para manipular una serpiente. Al principio su calificación es muy baja y su desempeño también.

Si no creo que lo voy a hacer muy bien, mi desempeño seguirá siendo mediocre.

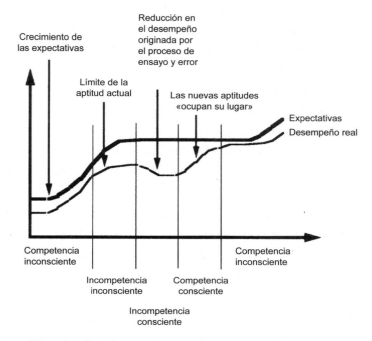

Figura 2. Influencia que las expectativas acerca de la propia eficacia tienen sobre el desempeño del individuo

Bandura hace que la gente crea que es capaz de manipular a las serpientes. Generalmente observa que la creencia de la persona se eleva según el gráfico de la figura 2. Al principio el individuo suele ya poseer algún grado de competencia inconsciente, y su desempeño va mejorando a medida que se refuerza su creencia, hasta llegar a cierto punto. Aquí es importante que siga manteniendo las mismas creencias o expectativas, al menos hasta que concluya el proceso de ensayos y errores, necesario para desarrollar toda nueva habilidad. Una vez que dicho proceso termina, el desempeño comienza de nuevo a mejorar.

Lo mismo ocurre en el campo de la salud. Aunque alguien crea con firmeza que puede adelgazar, es evidente que todos sus kilos de más no van a desaparecer de golpe. La fase más crítica coincidirá con el punto de la curva en el cual la distancia entre creencia y comportamiento sea mayor. Luego las creencias se estabilizan y finalmente el comportamiento se eleva también hasta casi alcanzarlas.

Lo que ocurre algunas veces es que en esa fase la persona se desanima y sus creencias comienzan a caer. Incluso es posible que lleguen a descender más allá de su nivel original de competencia, retrocediendo todo el camino avanzado. Esto suele suceder cuando la gente intenta adelgazar. Al principio pierde peso durante un tiempo, pero cuando llega al punto en el que el proceso se estabiliza, sus creencias se desploman. Entonces recupera todo el peso perdido. O incluso más.

Es importante comprender que las creencias no tienen por qué ajustarse a la realidad presente. Su finalidad es suministrar una motivación a fin de que el desempeño comience a elevarse hasta alcanzarlas.

Y, por supuesto, la curva del desempeño puede mejorarse con las estrategias mentales adecuadas. No es necesario dejarla que siga el proceso de ensayos y errores. Si un estudiante cree que es capaz de leer pero no se le ha suministrado la estrategia adecuada para desarrollar esta aptitud, él mismo tendrá que desarrollar su propia estrategia y entonces la curva se elevará más lentamente. Cuanto más lenta sea la elevación de la curva hacia las creencias o expectativas, más difícil será mantener dichas creencias.

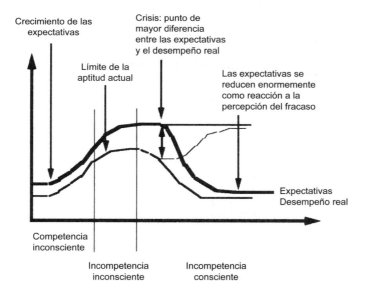

Figura 3. Retroceso de las expectativas motivado por el hecho de que el desempeño no las iguala

Si alguien nos enseña la estrategia adecuada, la curva del comportamiento se elevará mucho más rápidamente y el peligro de perder la creencia disminuirá.

Aquí vemos la gran importancia que tienen las aptitudes o las estrategias, pues de ellas depende la separación existente entre creencia y comportamiento. Cuanto más rápido acelere yo el comportamiento para que alcance a la creencia, más posibilidades tendré de lograr las expectativas y, de este modo, el proceso de retroalimentación seguirá.

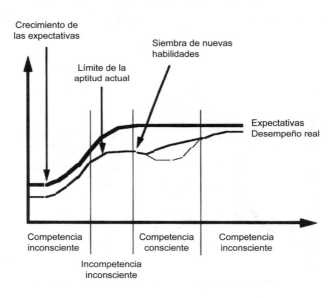

Figura 4. Aceleración de la curva del desempeño debida a la enseñanza de nuevas estrategias

EL PAPEL DEL ENTORNO
EN LA CONSTRUCCIÓN DE LAS CREENCIAS

El entorno puede facilitar una creencia o puede ir contra ella. Os voy a dar un ejemplo procedente de mi propia experiencia personal.

Hace unos siete años a mi madre se le reprodujo un cáncer de mama, lo cual era mala señal, pues significaba que las metástasis se habían ido extendiendo. Al practicarle un escáner óseo descubrieron que tenía metástasis prácticamente en todos los huesos de su cuerpo. Los médicos decidieron no aplicarle radioterapia ni quimioterapia alguna, pues pensaron que ya no serviría para nada. Le hicieron comprender que harían todo cuanto estuviese en su mano para complacerla, pero que debía irse preparando para lo peor.

En lugar de perder la esperanza comenzamos a utilizar varias técnicas de PNL: reestructuración, construcción de creencias, visualizaciones, etc. Comenzó a aprender cosas sobre sí misma y a desarrollar una esperanza capaz de afectar a su propio estado de salud. Al examinarse a sí misma descubrió aspectos importantes sobre la fase en que su vida se hallaba en aquel momento. Sin embargo, cuando le contó a su médico lo que estaba haciendo, lo que estaba descubriendo, las visualizaciones y demás, la respuesta de él fue: «No siga con eso. Son todo tonterías y seguramente la van a volver loca».

Cuando intenté explicarle al médico algunos de los beneficios potenciales de mantener una actitud positiva, demostrados en ciertas investigaciones, me dijo que «no debería experimentar con mi madre».

Cuando existen influencias ambientales es necesario que nuestra creencia se mantenga firme ante las presiones generadas por el entorno. Si el entorno nos apoya, todo será más fácil. Pero si es adverso, tenemos que tenerlo en cuenta e incluirlo como un factor más.

Mi madre era enfermera, por lo cual estaba acostumbrada a seguir las órdenes de los médicos. Ahora el doctor le estaba dando una receta con una sola palabra escrita en ella: «muerte». Sin embargo, cuando tres meses después volvió a verlo, se sorprendió enormemente: «¡Parece usted más sana que yo! Me temo que voy a tener que admitir que eso que está usted haciendo da resultado. ¡No lo puedo negar!».

Desde entonces se convirtió en su «paciente preferida». No le aplicaron quimioterapia ni radiación, pero unos ocho meses más tarde ocurrió una especie de crisis. Un día le dijo el médico: «Bueno, ahora que está usted ya mucho mejor, vamos a aplicarle un poco de quimioterapia y de radiación, para asegurarnos».

Para mí fue como si le hubiera dicho: «La vamos a castigar por haber tenido éxito». Sé que no fue esa su intención, pero realmente así lo parecía.

En otro momento uno de los médicos quiso que mi madre siguiera un cierto tipo de medicación. Yo me preguntaba cuál era la finalidad de aquello, cuál era su propósito. Tratando de averiguar las evidencias existentes, le pregunté: «¿Cómo sabremos cuándo deberá dejar de tomarla?».

Durante un breve momento el médico pareció confuso. Finalmente dijo: «Cuando deje de hacerle efecto, creo yo».

Lo cual no parecía mostrar mucha confianza en lo que estaba haciendo. No se dio cuenta de lo que para el paciente suponían sus palabras. Algo que con frecuencia les ocurre a muchos médicos.

En cierto momento incluso se reunieron unos catorce facultativos para estudiar el caso, por lo inusual que era. Finalmente decidieron que fuera mi madre quien tomase la decisión. Y ella optó por seguir con lo que estaba haciendo.

En el momento de escribir esto han pasado ya siete años. Mi madre está viva, se siente perfectamente y no presenta ningún síntoma de cáncer. Nada casi un kilómetro cuatro o cinco veces por semana. Ha viajado a Europa varias veces e incluso ha aparecido en dos anuncios de televisión. Tristemente, uno de los médicos que le habían dicho que no se formase falsas esperanzas y que se preparara para morir, se suicidó no hace mucho tras descubrir que tenía una enfermedad incurable. Posiblemente fue víctima de su propio sistema de creencias.

El sistema de creencias, la relación entre creencias, aptitudes y comportamiento, y la influencia del entorno son algunos de los puntos que debemos siempre tener en cuenta al trabajar con las creencias.

DEFINICIÓN DE LAS CREENCIAS

Vamos a intentar definir qué es una creencia con un poco más de precisión. En primer lugar, una creencia no es una estrategia, no es un «cómo hacer», no es un tipo de comportamiento. Una creencia es una generalización sobre cierta relación existente entre experiencias.

1. Una creencia puede ser una generalización sobre RELACIONES CAUSALES.

Por ejemplo:
— ¿Qué crees tú que causa el cáncer?
— ¿Crees que las sustancias químicas existentes en el medio ambiente son las que causan esta enfermedad?
— ¿Lo provoca algo que tú hagas?
— ¿Algo que tú creas?

— ¿O es el cáncer una parte de tu ser? ¿Un componente genético tuyo?

Del tipo de tus creencias dependerá la forma en la que intentes tratar al cáncer.

Si crees que es un castigo de Dios, eso condicionará totalmente la manera en que deberás enfrentarte a él.

LAS CREENCIAS EN UNA COMPAÑÍA

Y lo mismo ocurre en una compañía. Ciertamente en algunas empresas he visto cosas que podrían calificarse como cánceres, o como problemas graves. La cuestión es cuál creemos que es la causa de dichos problemas.

— ¿Es el empleado? ¿El ejecutivo? ¿La falta de capacitación?
— ¿Es la estructura organizativa? ¿La cultura organizativa?
— ¿Cuál es el problema? ¿El ambiente de trabajo? ¿El mercado?

Lo que creamos que es la causa determinará el lugar donde buscaremos la solución. Y con nuestra creencia, con frecuencia hallaremos lo que estamos buscando. Si creemos que existe, lo encontraremos.

2. Una creencia puede también ser una generalización sobre EL SIGNIFICADO DE CIERTAS RELACIONES.

Por ejemplo, si tengo cáncer, independientemente de cuál sea la causa, ¿qué significa eso?

— ¿Significa que soy débil?

— ¿O simplemente que soy como mi madre, que murió de cáncer?

— ¿Significa que me odio a mí mismo y que soy una mala persona?

— ¿Quiere decir que me he expuesto a un estrés excesivo?

— ¿Significa que ahora tengo la oportunidad de realmente aprender algo?

El significado que le demos determinará nuestra actuación. Si tengo un problema en mi compañía, ¿qué significa?

— ¿Significa que he fracasado?

— ¿Quizás que no merezco el éxito?

— ¿Tal vez que debo abandonar, o esforzarme más? ¿Qué significa?

3. Finalmente, las creencias pueden ser generalizaciones sobre los LÍMITES.

Por ejemplo, creo que mis creencias pueden afectar a mi salud hasta un cierto punto, pero más allá de ese punto ya no.

— ¿Dónde está el límite? ¿Hasta dónde puedo llegar?

Mi compañía puede crecer hasta un cierto punto, pero no más allá.

Estos tres tipos de generalizaciones son los que determinan nuestra reacción ante una situación particular.

TIPOS DE PROBLEMAS EN LAS CREENCIAS

De estas tres generalizaciones surgen las tres clases de problemas típicos. Todo problema sobre las creencias tiende a estar relacionado con:

— LA DESESPERANZA. Cuando una persona está desesperanzada, siente o cree que no hay ya solución posible. Que no existe ya esperanza alguna.

Esta es una creencia sobre el resultado. Si dicho resultado es imposible, ¿para qué molestarse ya?

Por ejemplo, nadie ha podido hasta ahora vencer al sida. ¿Para qué molestarse en intentarlo si es imposible ya recuperar la salud?

— LA SENSACIÓN DE IMPOTENCIA. «Es cierto que algunas personas han logrado vencer al cáncer, pero se trata de gente muy especial», «Yo no sería capaz. Sé que es posible, pero yo no soy capaz», «Algunos tienen negocios prósperos, pero yo no soy capaz de lograrlo».

— LA SENSACIÓN DE NO VALER LO SUFICIENTE. «Tal vez sea posible, tal vez yo fuera capaz, pero ¿lo merezco? ¿Me lo he ganado? Tal vez no merezco la salud. No he hecho méritos suficientes para lograrla». Quien cree que no merece algo no se esfuerza por conseguirlo. Sin embargo, cuando creemos que merecemos una cosa, luchamos por ella con uñas y dientes.

Vamos a ir ahora un paso más allá en nuestro trabajo con las creencias. He mencionado la desesperanza, la sensación de impotencia y la sensación de no valer lo suficiente. ¿Cómo se forman estas creencias? ¿Cómo podemos influir en ellas? Si no vamos a discutir, ¿qué es lo que vamos a hacer? Te voy a decir una cosa. Esta una de mis creencias:

Todo cuanto puedes hacer para que los demás cambien sus creencias es guiarlos. El cambio de sus creencias no depende de ti. Tu meta debe ser solo guiarlos, a fin de que por sí mismos establezcan una creencia nueva.

CAPÍTULO II

LAS CREENCIAS SOBRE LA PROPIA APTITUD

LAS CREENCIAS Y LA EXPECTATIVA DE FRACASO

Quisiera comenzar este trabajo sobre las creencias hablando acerca de la aptitud y del fracaso. Pensar que se va a fracasar crea una profecía autocumplida. Si después de haber intentado adelgazar veinte veces viene alguien y me dice que con una nueva técnica de PNL perderé definitivamente los kilos que me sobran, seguramente le contestaré: «Muy bien, pero no va a funcionar, pues hasta ahora nada ha funcionado». Los veinte intentos anteriores son veinte evidencias de fracaso. Por ello no creo que ahora vaya a funcionar. Y esa creencia es muy importante.

También hay gente que piensa: «Si soy capaz de visualizar el éxito, seré capaz de lograrlo».

Alguien me contó un experimento realizado con un grupo de gimnastas. A algunos de ellos se les hizo visualizarse a sí mismos realizando cierto movimiento, mientras que a otro grupo no se le hizo visualizar nada. Dos semanas más tarde todos ellos tuvieron que realizar dicho movimiento sin ningún entrenamiento previo. Los que habían realizado el ejercicio de visualización tuvieron éxito en un porcentaje que osciló entre el cincuenta y el sesenta por ciento, mientras que en el grupo que no había realizado la visualización el porcentaje de éxitos fue tan solo de alrededor de un diez por ciento.

¿Y el cuarenta o cincuenta por ciento que no lograron hacer dicho ejercicio a pesar de haberlo visualizado? Si alguien tiene una imagen clara de sí mismo haciendo algo pero no cree que en realidad pueda ser capaz de hacerlo, es evidente que no lo logrará.

Cuanto más claro lo veo más siento que no voy a ser capaz de hacerlo.

Esto es un ejemplo de cómo las creencias pueden afectar a la visualización. La habilidad para visualizar es una de nuestras aptitudes, pero lo que realmente da un sentido a la visualización es la creencia.

Conozco gente que teme visualizar su éxito porque está segura de que jamás lo va a lograr. Esto nos muestra claramente la relación existente entre creencia y estrategia. Para conseguir una cosa hace falta algo más que saber cómo lograrla. De hecho, creer que vamos a fracasar es la mejor técnica para llegar al fracaso. Y a la inversa. La creencia en el placebo es lo que hace que este funcione.

Una vez entrevisté a un inventor de un aparato cuyo perfeccionamiento le había llevado muchos años de esfuerzos y dificultades. Le pregunté cómo hizo para mantener su meta firme y para sobreponerse a todos los fracasos anteriores. Me respondió que él nunca los consideró como fracasos, sino como soluciones a otros problemas diferentes al que él estaba trabajando en ese momento.

¿Cómo se llega a eso? Todo depende de las creencias, no de la realidad. Este inventor consideraba las dificultades como soluciones para otros problemas, con lo cual las convertía en un recurso en lugar de un fracaso.

Quiero centrarme en este problema del fracaso. La diferencia entre que algo sea percibido como un fracaso o como una posibilidad de retroalimentación es muy importante, sobre todo el punto de «crisis» que he mencionado anteriormente al hablar acerca de las expectativas sobre la propia eficacia. Me refiero al punto en el cual las líneas de su desempeño real y de sus expectativas acerca de su aptitud están más separadas una de otra.

CONVERTIR EL FRACASO
EN RETROALIMENTACIÓN

Estoy seguro de que muchos de vosotros tenéis metas que habéis tratado de conseguir más de una vez, sin éxito. Al pensar de nuevo en ellas en este momento casi sentís miedo de intentarlo otra vez. ¿Por qué buscar el fracaso una vez más? ¿Por qué, incluso, intentar técnicas de PNL? Para intentar algo es necesario estar abiertos a ello. Tenemos que sentirnos listos y preparados. Ahora bien, ¿cómo se prepara uno? ¿Cómo se logra esa apertura?

La siguiente transcripción demuestra cómo las diferentes herramientas de la PNL pueden ser utilizadas y combinadas entre sí para crear un impacto sobre esas creencias limitantes.

DEMOSTRACIÓN CON LINDA

R.: ¿Cómo te llamas?

L.: Linda.

R.: Linda, ¿hay algo que desees y que, sin embargo, no te atreves a pensar en ello a causa de experiencias pasadas?

L.: Sí.

R.: Estando sentada aquí, en este momento, ¿cómo sabes que fracasaste? ¿Cómo lo recuerdas? Simplemente piensa en lo que ocurre cuando comienzas a sentirte mal al respecto.

L.: Me ocurrió justo ahora, cuando tú hablaste. Sentí algo aquí (señala su estómago) y cierta confusión en mi cabeza.

R.: Dices que sentiste algo en el estómago y al mismo tiempo confusión. Eso es importante. Te voy a pedir que pienses en eso que sentiste. (Linda mira al frente y hacia abajo). Está bien. Es suficiente por el momento. (Al auditorio:) Ahora tengo una pregunta para vosotros: ¿qué clave de acceso ha sido esta? ¿Ha sido cinestésica? ¿Hacia dónde fue? ¿Fue abajo y a la derecha? ¿Abajo y a la izquierda? Fue abajo y al centro. ¿Qué pista de acceso es esa? (A Linda de nuevo:) Permíteme que te haga algunas preguntas. Cuando te internas en eso, ¿ves alguna imagen?

L.: Si me meto en ello no. Si comienzo a pensar, sí.

R.: ¿Oyes voces?

L.: No... Tal vez... Sí.

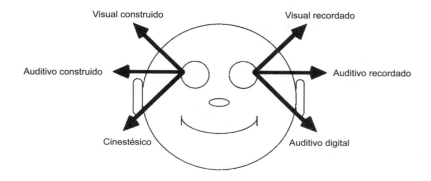

Figura 5. Cuadro de claves de acceso estándares en la PNL

R.: ¿No? ¿Tal vez? ¿Sí? ¡Veo que realmente sí estás confundida! Me parece que si comenzamos a explorar esto hallaremos todos los sistemas de representación. Pero como ella dice, al meterse en ello no aparece ningún sistema de representación concreto. Es algo principalmente cinestésico. Para mí esto es muy interesante. Es lo que en PNL se llama una sinestesia. Una estrategia es una secuencia de sistemas de representación; sin embargo, en la sinestesia están todos agrupados. Y unos se alimentan de los otros. Linda, ¿cuál es tu meta? No quiero que me la digas. Solo quiero que pienses en ella. ¿Tienes alguna imagen de ella? ¿Palabras? ¿Sensaciones?

L.: Sí, tengo una cierta representación de ella. (Mira arriba y a la derecha).

R.: Voy a hacer una metáfora. En química orgánica, varios elementos se combinan para formar moléculas. No es necesario pensar mucho para darse cuenta de que parte de lo que está ocurriendo en Linda es una agrupación de

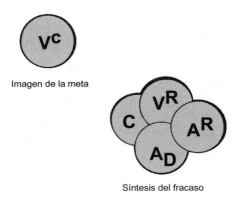

Imagen de la meta

Síntesis del fracaso

Figura 6. La sinestesia es una «molécula» de experiencias sensoriales

recuerdos cinestésicos auditivos y visuales que se combinan aquí, frente a ella, para formar una molécula de fracaso. Y flotando sobre esa molécula tenemos la construcción visual de alguna meta deseada. Ahora os pregunto: ¿hacia cuál de estos dos se inclinará el comportamiento de Linda? La molécula es mucho más fuerte y coherente. Fijaos en el aspecto psicológico revelado por su respuesta cuando le he preguntado por su meta. Dijo: «Tengo una cierta representación». Sin embargo, la experiencia del fracaso es un conglomerado de muchas imágenes, que sin querer la atrae. En este caso vamos a utilizar claves de acceso, pues creo que cada una de esas imágenes es importante, aunque no en la forma en la que han sido unidas. Es decir, ¿para qué creó Dios las claves de acceso? Dios creó las claves de acceso para que podamos aclarar las cosas, para que podamos distinguir las sensaciones de las imágenes y así sucesivamente. Pero la experiencia de fracaso de Linda no es auditiva, ni visual, ni cinestésica, ni sus ojos están en una posición de las que son típicas en PNL. Están fijos, abajo y frente a ella. Según ella, eso indica «confusión». Evidentemente a un nivel consciente esa confusión va a ser más cinestésica que auditiva, con una notable falta de claridad debido a la baja posición de los ojos.

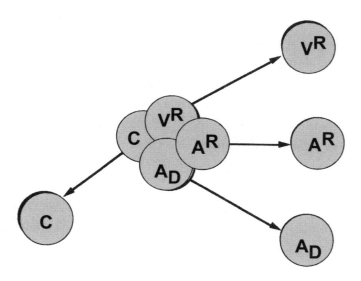

Figura 7. Separando y clasificando la «molécula»

(A Linda:) Bueno, vamos a clasificar esas imágenes según sus claves de acceso. Quiero que te metas en ese estado y simplemente tomes los sentimientos y fijes los ojos abajo a la derecha, y que luego tomes los sonidos y fijes los ojos abajo a la izquierda. Vamos a empezar así. Está bien que tengas esa sensación.

Quiero que tomes esa sensación y que fijes los ojos abajo a la derecha, junto con esa sensación. Correcto. Ahora vuelve al centro, toma los sonidos o las palabras que oigas. ¿Puedes oírlas? Fija los ojos abajo a la izquierda.

Ahora vuelve al centro y toma las imágenes que veas allí, tráelas aquí arriba, a tu izquierda, donde las puedas visualizar. Sitúalas en la memoria visual. Ahora vuelve al lugar del fracaso y todo lo que te vaya apareciendo clasifícalo y llévalo al lugar que le corresponda. Lleva los sentimientos a la derecha, las palabras a la izquierda y las imágenes arriba a la derecha. Bien. Ahora vayamos a los sentimientos que has situado abajo a la derecha.

Cuando consideras esos sentimientos solos, sin imágenes, ni palabras, ni sonidos, solo tú y tus sentimientos, ¿qué ocurre? ¿Qué sientes?

L.: Ya no son tan importantes.

R.: Date cuenta de que un sentimiento no es una creencia, es simplemente un sentimiento. ¿Es ese un sentimiento de fracaso? ¿Cómo lo llamarías? ¿Qué sentimiento es ese?

L.: Simplemente algo fastidioso, algo molesto.

R.: Correcto. Es simplemente algo molesto. Ahora te pregunto: ¿cómo sabes que ese sentimiento es molesto?

L.: Porque me hace sentir mal.

R.: Un comentario. Cuando experimentas un sentimiento malo, ¿cómo sabes que es malo?

(Al auditorio:) A lo que algunas personas llaman miedo otras lo llaman emoción. En una ocasión estaba siguiendo este mismo proceso con alguien que tenía un sentimiento al que siempre había llamado desesperación. Luego comenzamos a examinarlo y resultó que dicho sentimiento en realidad era estar al borde de un descubrimiento importante. No era desesperación, sino más bien estar lista para dar un gran salto. Su reacción ante él se basaba en cómo ella lo comparaba con las demás representaciones de la molécula.

L.: Al preguntarme si tenía alguna relación con el miedo..., he caído en que cuando tengo mucho miedo también siento esa misma impresión.

R.: Quisiera que volviéramos a ese sentimiento. Antes que nada, intenta averiguar qué te está comunicando ese sentimiento. Si es solo un sentimiento, ¿lo puedes mover un poco? Si lo tomas y lo mueves o lo extiendes un poco, ¿seguirá siendo el mismo? ¿Qué ocurre?

L.: Es más ligero.

R.: (Al auditorio:) Aquí tenemos otra cosa interesante. Si tomo el sentimiento como sentimiento, puedo comenzar a hacerlo trabajar para mí. Deja ya de ser confusión. Es un sentimiento que puedo empezar a utilizar en mi propio provecho. (A Linda:) ¿Qué te gustaría que hiciera ese sentimiento?

L.: Quisiera que fuera una emoción.

R.: ¿Qué necesitarías hacer para eso? ¿Qué ocurriría si se convirtiera en emoción? ¿Se haría más ligero? ¿Más móvil?

L.: Sería más dinámico.

R.: ¿Cómo lo harías? ¿Lo variarías más? ¿Puedes modificarlo ligeramente para que se vuelva más dinámico?

L.: (Un momento de silencio).

R.: Está bien. Voy a dejar eso por un momento. (Al auditorio:) Lo que hemos hecho es tomar el sentimiento en sí mismo y guiarlo.

(A Linda:) No es un sentimiento «malo». Es simplemente un sentimiento. ¿Qué te comunica? ¿Cómo lo podrías aprovechar? Vamos ahora a las palabras. ¿Hay alguna palabra concreta? ¿Son muchas o pocas?

L.: Es un diálogo interior.

R.: Está solo tu voz. ¿No hay ninguna otra?

L.: Sí, hay otras voces, pero antes está la mía.

R.: ¿Qué dice esa voz?

L.: Critica.

R.: Escucha a la voz. Sin sentimientos ni imágenes de modo que puedas oír sus críticas, pero tan solo como una voz. ¿Tiene esa voz una intención?

L.: ¿Es solo una voz? Bueno, si es solo una voz no hay ninguna mala intención en ella.

R.: ¿Por qué dice esas cosas entonces? ¿Por costumbre? ¿Por algo que aprendiste de tus padres?

L.: Probablemente por costumbre.

R.: ¿Cuál debería ser entonces la intención de esa voz? ¿Para qué fue desarrollada?

Si es un hábito, si es algo que ya has dicho otras veces, entonces no pertenece a tu diálogo interno. Pertenece a la memoria.

(Al auditorio:) Esto es otra cosa. Las voces de tus padres no pertenecen a tu diálogo interior; pertenecen a la memoria. Así que tomemos ese viejo hábito y coloquémoslo en la posición ocular de la memoria auditiva, en frente, a la izquierda, puesto que al parecer ese es el lugar que le corresponde.

(A Linda:) ¿Puedes hacerlo? ¿Puedes llevarlo allí y oírlo con los ojos, ahí en la izquierda? Ahora que ya has colocado allí ese hábito, ¿qué queda en tu diálogo interno?

L.: Si la voz está aquí la puedo desconectar.

R.: ¿Qué te dirías a ti misma ahora, en tu diálogo interior? ¿Qué tipo de voz utilizarías?

L.: Podría elegir entre muchas voces.

R.: Ahora podemos elegir. Pero voy a dejar eso un momento. Repito, marcamos la pauta, reconocemos y guiamos a la voz. Vamos a ver esos recuerdos. Son simplemente imágenes de recuerdos. De hecho, la gente suele con frecuencia desarrollar esas sinestesias de fracaso con la intención de conocer «la realidad». Quieren recordar «la verdad», pero si tomo todas mis imágenes malas, mis voces desagradables y mis sentimientos negativos y los reúno todos, ¿será eso la realidad? ¿Será eso la verdad? Lo que quiero decir es que esas imágenes que tenemos ahí no son las únicas imágenes de tu vida. Ni siquiera son los únicos recuerdos vinculados con tu meta. Generalmente, si las ves relacionadas consigo mismas, esa relación te deletreará la siguiente palabra: «FRACASO», pero si las ves relacionadas con tus metas tal vez te des cuenta de que esas imágenes contienen también algunos éxitos parciales.

Si conectas dichas imágenes con otros éxitos de tu vida, ya no te sugerirán la palabra «FRACASO». Serán algo muy diferente. Serán aprendizajes.

(A Linda:) Quiero que vayas varias veces de esos recuerdos a la representación de tu meta y viceversa. Quiero estar seguro de que cuando mires a la derecha puedas visualizar tu meta, que veas eso que quieres. Haz que esa representación se aclare y luego pasa varias veces desde esos recuerdos, que están a tu izquierda, a la meta que tienes a tu derecha y comprueba qué puedes aprender de esos recuerdos. Por ejemplo: ¿te están apartando de tu meta dichos recuerdos? ¿O te están llevando precisamente en la dirección de tu meta? Pueden ser un progreso hacia esa meta.

(Al auditorio:) Mientras ella hace esto quiero acentuar el hecho de que si miro a mis errores relacionándolos entre sí, parecerán fracasos. Pero si los veo en relación con mi meta o con mis otros éxitos, son «RETROALIMENTACIÓN». Y eso es lo interesante de las creencias: tienen que ver con relaciones y significados. Esos recuerdos son lo que son. Es decir, su contenido. Lo que aprendamos de ellos dependerá de con qué los comparemos y de qué estemos buscando. Mi siguiente pregunta es: ¿ves alguna relación entre todo eso?

L.: En cierto sentido sí, pues saqué de allí (señala a la izquierda) todos los sentimientos y puse lo interesante sobre el éxito allí (señala arriba a la derecha), pero ahora la meta no es la misma.

R.: Fíjate que la retroalimentación ha llegado incluso a modificar la meta. ¿Sigue siendo esa meta valiosa para ti?

L.: Más valiosa.

R.: Lo que estás diciendo es que, en lugar de esa especie de sueño, de esa esperanza que simplemente estaba flotando por ahí arriba, cuando tomas eso que aprendiste de tus recuerdos en realidad la meta cambia y se convierte en algo diferente de lo que perseguías cuando tenías esos, llamémoslos, «fracasos».

L.: La meta es básicamente la misma, pero he sacado de las imágenes las partes positivas de mi vida y he borrado las negativas.

R.: Hay otra estrategia muy buena para hacerlo. Esos recuerdos hacen que las partes importantes sean literalmente más brillantes, de modo que al mirar hacia atrás, a tus experiencias, resaltan, mientras que lo demás se va difuminando. El contenido es el mismo, no se trata de ignorar ni de ocultar nada, sino que simplemente eliges fijar tu atención según tus resultados. Pero ambos contenidos son igual de reales. La cuestión es decidir si el vaso está «medio vacío» o «medio lleno». De este modo, entre esos recuerdos que habían sido depositados allí, en el cubo de la basura, como si realmente fueran algo muy desagradable, ahora vemos que había verdaderas perlas. ¿Por qué se pusieron en el cubo de la basura de los «fracasos»? Ahora podemos utilizarlos como un recurso. Al repasar tu historia verás las perlas que brillan en ellos. Y ahora el último paso: tenemos los anteriores sentimientos de fracaso abajo a la derecha y una serie de voces entre las que elegir abajo a la izquierda. Tenemos también recuerdos de lo que tú decías que podrías poner indistintamente arriba o abajo. Con esos recuerdos puedes hacer algo interesante, si son voces críticas que dicen algo así como: «No puedes hacerlo» (en tono negativo). Puedes mantener el mismo contenido y cambiar el metamensaje dándole otro tono a la voz: «¿No puedes hacerlo?» (incredulidad). El mensaje verbal es el mismo, pero lo que aquí importa es el metamensaje. Puedes mantener exactamente el mismo contenido verbal pero cambiando el tono de voz. Al variar el tono de voz y hacerlo interrogativo y tal vez burlón, el metamensaje es: «¿Estás segura de que no puedes, de que no eres capaz de hacerlo?». El cambio de tonalidad te permite variar el significado y convertirlo en un reto. Por supuesto, se utilizan las mismas palabras, pero al variar las submodalidades del tono su impacto es totalmente diferente. El hecho de emplear submodalidades para modificar el metamensaje os permitirá cambiar el contenido siempre que lo deseéis. Lo que vamos a hacer ahora es reunir todos estos contenidos y formar con ellos una nueva molécula. Lo que hicimos es poner los recuerdos visuales allí arriba, a la izquierda. Los auditivos los pusimos aquí, en el centro, y los cinestésicos allí abajo, a la derecha. Tal vez sea bueno mezclar algunos auditivos nuevos para que sirvan de apoyo. Dicho de otro modo, volviendo a esa meta tuya, ¿puedes oír cómo sonaría tu voz al lograrla? ¿Desde dónde hablarías? ¿Qué tipo de resonancia tendría? Pon todo eso allí, a la derecha. Ahora vamos a reunir otra vez todos esos sistemas de representación, pero de modo que se apoyen unos a otros en el camino hacia la meta. Los sentimientos apoyan esas palabras, esas imágenes y esos recuerdos; y esos recuerdos apoyan esas metas, esas palabras y esos sentimientos. Crea una sinestesia en la cual, en lugar de separarse unos de otros, cuantas más imágenes tengas más fuerte será el sentimiento y más alta la voz del apoyo. Y cuanto más alta sea la voz, más brillantes serán los recuerdos. Ahora lo que tenemos es más parecido a una estructura genética. Es una especie de doble hélice que se sostiene a sí misma y se reproduce a sí misma en un sistema armónico y bello, en lugar de ser un revoltijo confuso de sentimientos. Y lo importante es que no vamos a ignorar ni a descalificar a este o a aquel contenido ni a ninguna de las piezas originales, las que teníamos inicialmente. De lo que se trata es de reestructurar la armonía del sistema. Hay una manera muy fácil de hacer eso: utilizando la tecnología estratégica de la PNL. Vamos a hacer un mapa sobre una referencia positiva. El proceso básico consiste en hallar una experiencia de referencia con cualquier otro contenido que se ajuste al tipo de estructura que queremos armar.

(A Linda:) ¿Puedes pensar en algo que creas que vas a hacer en el futuro, pero que no has hecho todavía? Podrán surgir todo tipo de problemas, pero tú estás segura de que eres capaz de hacerlo. (Linda mira al frente, con los ojos un poco levantados).

(Al auditorio:) Ahora fijaos en la clave de acceso. Es muy común, pero no suele estar entre las que se enseñan habitualmente. No es el recuerdo visual arriba a la izquierda, la construcción visual arriba a la derecha ni la auditiva en el centro. Es justo enfrente y con una elevación de entre quince y veinte grados.

(A Linda:) ¿Y tienes sentimientos, imágenes y sonidos?

L.: Por supuesto.

R.: Esta es otra pista de acceso a la sinestesia. Ahora podemos tomar las imágenes, los sonidos y los sentimientos que antes estaban asociados al fracaso y organizarlos en esta estructura sinestésica. Primero vamos a hacerlo con la parte visual. Vamos a hacer que estas imágenes encajen en la estructura. Toma la imagen de tu meta y colócala allí, frente a ti y un poco hacia arriba. Asegúrate de que la distancia, el brillo, el tamaño, la calidad del movimiento, el grado de coloración, la profundidad y la fuerza sean las mismas. ¿Adónde van los recuerdos en tu experiencia positiva de referencia? ¿Están detrás de ti o permanecen arriba a la izquierda?

L.: Posiblemente estén atrás.

R.: Mejor coloca esos recuerdos que antes estaban relacionados con el fracaso detrás de ti, para que puedan apoyar a la meta. ¿Y qué pasa con los sonidos y las voces? En la experiencia de referencia que tú ya sabes que puedes hacer, ¿qué oyes? ¿Dónde? ¿Cómo?

L.: La oigo, pero no es ya la misma voz. Se corresponde con la acción.

R.: ¿Puedes tomar las voces que pusimos abajo a la izquierda y llevarlas dentro? ¿Te apoyan en tu camino hacia la meta? Dijiste que no estabas segura de necesitar una voz. Pero si la vuelves a tomar, ¿te apoya en tu acción? ¿Y qué pasa con la voz antigua? ¿Dónde está y cómo es ahora?

L.: La vieja está allí y la puedo desconectar.

R.: ¿Y los sonidos del ejemplo de referencia positiva? ¿Están relacionados con ella? ¿Proceden del frente, de dentro o de atrás?

L.: Hay otras voces, pero especialmente una. Todo está en calma. Las voces interiores apoyan la acción.

R.: Último paso: los sentimientos. ¿Recuerdas la sensación de fastidio? Trae esos sentimientos a la nueva sinestesia y comprueba qué hacen. ¿Se transforman? ¿Se vuelven más ligeros? ¿Cómo se integran con relación a la meta? Porque tú necesitas esos sentimientos.

L.: Ya te hablé de un cierto miedo. Un sentimiento de miedo. Todavía existe en algún lugar pero ahora ayuda.

R.: Eso es algo muy interesante acerca del miedo. El miedo puede ser una motivación disfrazada. La gente suele llamar miedo a la sensación de tener «mariposas en el estómago», y el asunto no está en cómo matar a las mariposas, sino en enseñarles a volar en formación. Ellas pueden decirnos que algo es importante y estar ahí como motivación. Mi pregunta final es: ¿crees ahora que puedes lograr esa meta?

L.:   Probablemente.

R.:   ¿Probablemente? Probablemente no es suficiente. Tenemos que sintonizarnos. ¿Cuál es la diferencia entre esa otra meta que estás segura de lograr y esta que ahora solo crees probable?

L.:   No estoy muy segura de esta. De la otra sí. (Linda baja los ojos a la posición inicial, de la primera creencia).

R.:   No mires ahí abajo. Trae esa meta aquí arriba. Ya está aquí. Ya no está allí abajo. Mira aquí, arriba, y sitúala totalmente aquí.

L.:   Intento ponerla allí arriba, pero no estoy totalmente segura de que esté allí.

R.:   ¿Cómo sabrías que está realmente allí? Cuando ahora te pregunto si vas a poder lograr esa nueva meta, ¿en qué se diferencia eso de tu exitosa experiencia de referencia?

L.:   La otra está conectada con una experiencia positiva del pasado.

R.:   ¿Y esta no se halla conectada? ¿A qué experiencia positiva necesitas conectarla? (Al auditorio:) Por cierto, nos está diciendo algo muy importante sobre el modo en que ella construye una creencia. Una vez que logremos una representación clara y consigamos que todos los sentidos la apoyen, tenemos que conectarla con otras experiencias positivas. (A Linda:) ¿Puedes hacerlo?

L: Sí.

R.:   ¿Estás segura?

L.:   Sí. Puedo conectarla con un proyecto positivo que hice anteriormente y unirla con él.

R.:   Esta es una parte importante de cómo construimos las creencias: ahora está haciendo la molécula. (A Linda:) ¿Estás ahora segura de que vas a poder lograr tu meta?

L.:   ¡Por supuesto! Sin ningún problema.

R.:   Te creo. Ahora, puesto que ya es hora de comer, os voy a dejar esto como alimento para la mente. Mientras digerís todo esto que hemos estado haciendo, a ver si encontráis otras cosas con las que se pudiera conectar esa meta. Dejad que vuestro subconsciente os sorprenda y os alegre mostrándoos cuántas conexiones se pueden hacer, una vez que se ha comenzado. Gracias.

EJERCICIO

Lo primero que debemos recordar es que toda creencia es muy posible que incluya algún tipo de combinación o sinestesia de sentidos. Combinará diferentes sistemas de representación. Nuestra meta debe ser: (1) descubrir cuál es esa molécula de sentidos, (2) separar y clasificar sus partes, y luego (3) reorganizarlas en una relación nueva.

PRIMERA PARTE

PASO NÚMERO UNO: el primero de los cuatro pasos del proceso es identificar la actitud o creencia problemática. Normalmente surge en los momentos de «crisis», cuando la brecha entre las expectativas y el resultado es mayor.

Por ejemplo, ¿qué es eso que quieres hacer, pero no lo intentas debido a fracasos anteriores? Descubre el estado por el que pasaste, descubre la creencia y encuentra la posición de ojos asociada con esa creencia. Podría ser algo que deseas intentar, pero tienes la sensación de que sencillamente no vas a poder. O algo que quieres hacer, pero tienes miedo de fallar o de que suceda cualquier cosa.

Una vez que hayas identificado cuál es la posición de los ojos, dónde sucede esa creencia, de dónde surge la creencia limitante, entonces, probablemente descubrirás que en esa posición van a estar involucrados todos los sentidos, y a un mismo tiempo estarás viendo y escuchando todos los sentimientos. Y, como en el caso de Linda, probablemente va a estar todo bastante confuso.

PASO NÚMERO DOS: el segundo paso es separar las sinestesias poniendo cada una de las representaciones sensoriales en la posición ocular de acceso apropiada según la PNL, de modo que la memoria visual vaya arriba y a la izquierda, las palabras internas abajo y a la izquierda, y los sentimientos abajo y a la derecha. También puede haber imágenes construidas que se podrían colocar arriba y a la derecha; así cada cosa es clasificada y ubicada en el lugar que le corresponde.

Entonces hay que tratar individualmente cada una de esas representaciones. ¿Cuál es el propósito de este sentimiento? ¿Cómo sabes que es negativo? Tal vez no lo sea. Así, es necesario conocer y examinar cada una de dichas representaciones, marcarles un poco el paso y guiarlas. Una vez que el sentimiento sea solo eso, un sentimiento, podrás convertirlo en algo ligeramente distinto. Y lo mismo ocurrirá con la voz interior. ¿Cuál es su intención? ¿Como podrías cambiarla un poco a fin de que se ajustara mejor a esa intención?

Hay un punto que debo comentar. Si alguien tiene dificultad para separarlos —si la persona no es capaz de disgregar las imágenes de los sentimientos, por ejemplo—, se pueden usar submodalidades.

Podríamos hacer que el sujeto pusiera las imágenes dentro de un marco, que seguidamente habría que separar, para luego ubicarlo arriba y a la izquierda.

Si dice que no puede separar la voz de los sentimientos, tomad la voz y convertidla en un susurro; así podréis moverla. En esta etapa es posible que necesitéis un poco de creatividad. Eso será asunto vuestro. Es algo que no se puede predecir. Dependerá de vuestra habilidad para usar la retroalimentación.

También recordad que al trabajar con una persona tenéis que estar todo lo cerca de ella que podáis. Y cuando tengáis frente a vosotros esa molécula, esa creencia, haced que sea algo real y concreto. Tomad sus piezas y separadlas. Tomad literalmente las imágenes y haced que la persona las reubique empujándolas físicamente hacia su lugar.

Vuestra actividad y vuestra actuación física ayudará a hacer más fácil esa separación.

PASO NÚMERO TRES: una vez que ya tengas la comunicación de cada una de las partes, toma los recuerdos visuales y averigua: ¿hay algo nuevo que puedas aprender de esas evocaciones?

Recuerda, eso significa ver los recuerdos en relación con otros recuerdos de éxito y en relación con el resultado, con la meta.

Un ejemplo: tengo aquí una experiencia anterior; si solo la veo como lo que es, únicamente significará una cosa, pero si veo lo que me dice en relación con mi resultado, aprenderé de ella algo diferente. Esa información no está en la imagen misma. Está en la forma en que dicha imagen se relaciona con el lugar al que yo quiero llegar. La idea es comenzar a ver que esas experiencias no son fracasos, sino retroalimentación.

Puedo tomar las partes que resultaron exitosas y centrarme en ellas para que me ayuden a llegar adonde quiero llegar.

Paso número cuatro: en este punto debo ser capaz de ver una conexión con el objetivo y quizás modificarlo, aumentarlo, cambiarlo un poco, basándome en lo que he aprendido de esos recuerdos.

Tenemos esta meta que yo me fijé posiblemente hace mucho tiempo ya. Esta meta podría cambiar un poco. Podría actualizarse según lo que he aprendido. Tal vez la fijé hace tres años y ahora podría actualizarla de algún modo. Ahora sé más, he aprendido más. De este modo, en realidad esa meta se enriquece, y está más acorde con quien soy ahora.

Algunas personas siguen todavía intentando alcanzar fantasías de su infancia que no son ya realistas para quien ahora son. Podrían ser más adultos, más realistas en el contexto de lo que han aprendido de su historia personal.

Así, volviendo a la primera parte del ejercicio, ponemos todas esas piezas de la sinestesia limitante en sus posiciones de acceso apropiadas, examinamos cada una de ellas individualmente —vemos cuál es su intención— y las guiamos un poco.

Un sentimiento malo podría no serlo si lo ajustas un poco. Quizás se haga más ligero o emocionante —a fin de ajustarse un poco más a su intención—. Si es una voz, por ejemplo, tal vez puedas cambiar algo el tono, o hacerla más distante.

Así, hay que organizar las partes de la sinestesia fuera, en la periferia. Entonces comenzamos a aprender de estas experiencias y hacemos que se conviertan en retroalimentación, en lugar de ser fracasos. Esta sería la primera mitad del ejercicio.

SEGUNDA PARTE

En la segunda parte vamos a tomar todas estas piezas y a reunirlas otra vez.

Y aquí es donde entran las experiencias de referencia positiva. Vamos a tomar todas las piezas que hemos clasificado y a ponerlas de nuevo juntas en la misma estructura, como una meta que estoy seguro de que puedo lograr.

Esto se hace en dos pasos.

PASO NÚMERO UNO: debo descubrir una experiencia de referencia, con un contenido diferente de la meta deseada y asociada con la creencia de fracaso, y que ya sé que puedo lograr.

Voy a añadir un poco de contenido a fin de que se vea más claro (porque aunque todo esto se puede hacer sin conocer el contenido, me parece que será más fácil con algún contenido).

Digamos que tu meta es estar delgado. Quieres perder peso. Este es el contenido acerca del cual tenías sentimientos de fracaso. Ya lo hemos separado en todas sus piezas.

Ahora pregunto: ¿qué otra meta estás seguro de poder lograr en el futuro?

El motivo por el que quiero escoger algo del futuro es porque esta meta todavía no la has alcanzado, pero hay cosas que sabes que vas a conseguir en el futuro, cosas en cuyo logro tienes confianza y crees. Esa misma sensación de confianza queremos dársela a la meta deseada de adelgazar.

P: ¿Debe ser necesariamente algo que ya hayamos hecho?

R: No, no necesariamente. Solo queremos que sea algo que sabes que vas a ser capaz de hacer. Lo importante es tu creencia acerca de tu capacidad o aptitud.

Por ejemplo: sé que voy a tener vacaciones. Las he planeado. Será dentro de dos semanas. Puede que se presenten problemas en el trabajo. Quizás el avión se retrase, pero voy a tener esas vacaciones. De algún modo lo voy a hacer.

O tal vez estoy planeando un seminario. Podrían presentarse muchos problemas, pero voy a hallar el modo de darles la vuelta y poder organizar ese seminario. O bien podría ser el hecho de comprar una casa. Sé que van a surgir muchas dificultades, pero estoy seguro de que lo voy a lograr.

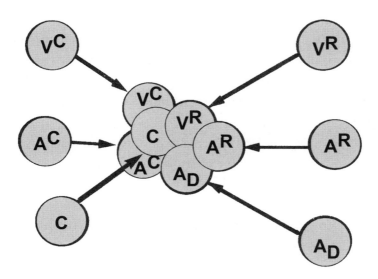

Figura 8. Crear una nueva «molécula» de sinestesia

La clave no es tanto la creencia de que lograrás esa meta, sino la creencia en tu aptitud para lograrla.

No es posible conocer la realidad futura. Y ese no es el asunto. El asunto es que hay que organizar esa representación de tu meta del mismo modo en que representas las metas que crees que puedes lograr. Lo que buscamos es algo que no ha sucedido, pero tú eres capaz de dirigir con confianza tus esfuerzos para hacer que suceda.

Tienes una seguridad relativa de que podrás lidiar con los problemas que puedan surgir. Tienes confianza en ti mismo y crees que puedes llegar al final. Posees una expectativa positiva acerca de tu propia eficacia.

Este es el tipo de referencia que se necesita. Estoy seguro de que voy a organizar una fiesta, o que voy a terminar un artículo en el que he estado trabajando. Sé que de un modo u otro lo voy a acabar, y cualquier dificultad que surja será simplemente retroalimentación.

Digamos, por ejemplo, que tengo confianza en que puedo comprar una casa nueva. Ahora, lo que debo hacer es tomar todas esas cosas sobre el hecho de adelgazar y hacer que se ajusten a la misma estructura del modo en que pienso acerca de comprar la casa.

Por una parte, está la forma en que pienso sobre adelgazar; por otra, la manera en que pienso acerca de comprar una nueva casa.

PASO NÚMERO DOS: debo hacer que todas las submodalidades de adelgazar encajen con las submodalidades de comprar una nueva casa.

Eso significa que si cuando pienso en comprar una nueva casa la imagen está frente a mí, y cuando pienso en adelgazar la imagen está arriba a la derecha, debo tomar la imagen de adelgazar que está arriba y a la derecha, y ponerla frente a mí.

Fijaos que no estamos sustituyendo un contenido (adelgazar) por otro (comprar una casa).

El contenido no es lo importante. Lo importante es que debo representar a ambos con idéntica estructura, a fin de lograr la misma confianza en ambos.

Ahora examino la lista de posibles diferencias entre las submodalidades.

Cuando pienso en comprar una nueva casa, ¿viene el sonido de dentro o del exterior? Lo que quiero hacer es trasladar las voces y los sonidos de cuando pienso en adelgazar a ese mismo lugar.

Utilizo una estrategia de creencias. Tienes que elaborar tu mapa mental de esa meta de modo que tenga la misma riqueza y la misma solidez que el mapa de otra cosa que estás seguro de poder lograr. Eso es todo.

P.: ¿Deben tener, para la persona, la misma intensidad el nivel de referencia y la meta que se quiere lograr? Por ejemplo, yo estoy casi seguro de que voy a tomar una taza de café mañana, pero eso no tiene necesariamente la misma importancia que mi meta.

R.: Buena pregunta. Cuanto más idénticas sean —tanto en lo que se refiere al tipo de sentimiento como en lo que se refiere al tipo de significado—, mejor. Creo que cuanto más estimule tu compromiso, más convincente será.

Un comentario acerca de este ejercicio

Este es un proceso de retroalimentación. Siempre os pueden plantear cuestiones que no esperabais. Os invito a considerar esas oportunidades y esos retos como ocasiones de retroalimentación en lugar de decir: «He fracasado. Ya lo he hecho mal».

Recuerda que hay otros tipos de creencias además de las creencias sobre las aptitudes. Es muy posible que durante el ejercicio se presenten otro tipo de problemas. Esto no es una panacea ni una cura. Puede que no se resuelvan completamente todos los problemas. Solo es un comienzo.

Es como aprender a ser mago. Hacer desaparecer una carta es una cosa; sin embargo, para hacer que desaparezca un elefante hace falta ya algo más. De momento vamos a empezar con cartas. Cuando termines el curso, estarás desintegrando elefantes, e incluso ¡hipopótamos!

P.:   ¿En qué situación se debe realizar el anclaje y cuándo?

R.:   Cuando la persona piensa en la referencia positiva y la veo entrar en ese estado de certeza, hecho el ancla. Luego, al poner mi meta en su nuevo lugar a fin de reunir la nueva molécula, esta ancla se convierte en el pegamento que la mantiene unida. Daos cuenta de que con este proceso en realidad estáis haciendo dos cosas: estáis usando estratégicamente los recursos de la persona y al mismo tiempo reorganizando la molécula. Seguramente para algunos de vosotros esto será un reto. Pero estoy seguro de que seréis capaces de concluir satisfactoriamente lo que estamos haciendo, de manera que podáis aprender algo nuevo y seáis capaces de comenzar a utilizar estos procesos integrando en ellos diferentes habilidades.

P.:   ¿Se trata de una sola ancla? Mi impresión es que ha habido varias.

R.:   Siempre estoy usando anclas. Cuando Linda pensó primero en la experiencia negativa, la anclé, para poder luego regresar a ella. Al final puedes abandonarlas, si así lo deseas. Yo las uso tan inconscientemente que si durante un descanso estoy tomando un café con alguien y esa persona experimenta una sensación agradable, la anclo. Pero, repito, quisiera que desarrollarais una idea flexible sobre todo esto. Utilizad cualquier cosa que os sea útil.

En algunos momentos de este ejercicio podríais usar submodalidades. En mi opinión, esta técnica, o cualquier otra, no es más que un esqueleto. Tú eres quien le da vida al esqueleto. Hay cosas que puedes hacer simplemente por ser quien eres y por el contacto visual que tienes con esa persona. Y el valor de lo que tú hagas será mayor que el de cualquier fase de cualquier técnica. Tu identidad es la que va a hacer que este trabajo funcione. Nunca temas echar mano de tus intuiciones para hacer que algo funcione. Este es mi consejo.

P.:   No entiendo por qué es necesaria esa conexión entre los recuerdos y la meta.

R.:   Porque si los recuerdos no tienen nada que ver con el resultado, no hay continuidad, ni apoyo. Entonces podríamos decir: «Aquí está mi resultado, pero no tiene nada que ver con lo que hasta ahora he hecho en mi vida». Entonces se va a presentar un conflicto. Debemos ser capaces de hacer que estas cosas encajen. Si tienes un resultado que no se ajusta con nada tuyo, entonces tendrás que hacer algo al respecto.

P.: ¿Que significa eso en términos de submodalidades?

R.: De algún modo sentirás la conexión, aunque solo sea un color, o una línea que une a las experiencias, o incluso si simplemente tienes la sensación de que encajan. Lo importante es que esto forme un *gestalt*, que mi resultado se ajuste de algún modo a mi experiencia. Si puedes sentir eso, es suficiente. Lo mejor es practicar esto inicialmente en grupos de tres. Descubrid lo que sucede en vosotros mismos al pasar por este proceso. Cambiad los papeles cuando terminéis con cada uno de vosotros.

Lo siguiente es un breve resumen de todo el proceso:

El fracaso en la estrategia de retroalimentación

1. Identifica la actitud o creencia problemática.
   a. Observa la fisiología y posición ocular asociada con la creencia.
   b. Descubre lo que sucede internamente en cada uno de los sistemas de representación durante esa creencia.
2. Separa la «sinestesia» (visual/auditiva/cinestésica) poniendo cada representación sensorial en la posición visual «apropiada» según la PNL.
3. Mira hacia arriba y a la derecha (hacia la construcción visual), y visualiza la meta/actitud/creencia deseada.
   a. Examina la comunicación (intento positivo) de la sensación (en sí misma) y las palabras (en sí mismas)

en relación con el objetivo o meta deseada como algo opuesto a los recuerdos pasados.

4. MIRA LAS IMÁGENES DE LOS RECUERDOS asociados con la creencia y construye una perspectiva más realista sobre la situación completa mezclando los recuerdos positivos con los recuerdos asociados al problema, a fin de que se ajusten a tu línea del tiempo en la secuencia temporal apropiada.

  a. Comprueba cómo los recuerdos anteriormente negativos pueden en realidad proporcionar retroalimentación positiva, que puede guiarte directamente al objetivo deseado.

  b. Podrías incluso desear modificar o aumentar el objetivo deseado basándote en lo que aprendiste al haber visto los recuerdos.

  c. Asegúrate de que puedes ver pasos que logren conectar las memorias y el objetivo positivo.

5. IDENTIFICA UNA EXPERIENCIA de referencia positiva, es decir, algo que estás seguro de poder realizar en el futuro.

  a. Establece un ancla para la experiencia.

6. HAZ QUE LAS CUALIDADES de la submodalidad VAC (visuales, auditivas, cinestésicas) del objetivo deseado sean las mismas que aquellas de la experiencia de referencia positiva.

  a. Echa el ancla para la referencia positiva mientras miras el objetivo deseado para ayudar a este proceso.

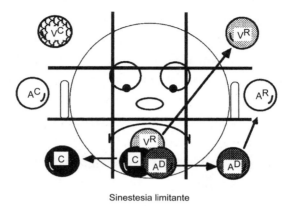

Sinestesia limitante

Figura 9. Clasificando la sinestesia limitante

Preguntas sobre el ejercicio

Me gustaría descubrir qué tipo de preguntas, informes o comentarios surgieron al hacer este ejercicio entre vosotros.

P.: Mi paciente era muy auditiva, y si yo hubiera seguido mi impulso —soy más bien visual— habría hecho que trabajara en el modo visual. Pero a ella le resultaba muy difícil la visualización. Luchamos por seguir el camino auditivo, pero tardamos más tiempo. Yo vacilaba entre mi deseo de seguirla a ella y el de seguirte a ti.

R.: ¿Qué piensas que te hubiera recomendado? Si me preguntaras: «¿Qué dices tú?», yo te diría: «Síguela a ella». Seguirme a mí es seguirla a ella. La PNL se hizo para ayudar a los pacientes, no para hacer que los pacientes se ajusten a la PNL. Me gustaría felicitarte por reconocerlo. Observar eso en tu paciente es muy importante.

Pienso que deberías felicitarte tú también.

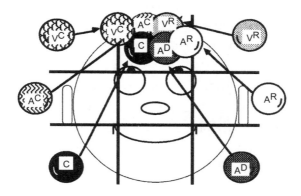

Figura 10. Creando una «molécula» recurso

En términos de establecer resultados u objetivos, el visual no es el único sistema. Yo tiendo a empezar con la visión porque es más sencillo, pero es cierto que no es la única manera. Puedes escuchar una voz que contiene dentro de ella todas las voces, y probablemente incluso reconocerás que hay veces en las que hablas con una voz que habla con todas las voces. También puedes escuchar dentro de ella una resonancia más profunda de todos vosotros.

Pienso que hay otro tema que tiene que ver con lo clara que debería ser la visión —o la representación del resultado si no es visual—. Cuando la gente establece objetivos y resultados, es típicamente en términos de comportamientos.

Así, si deseas hacer una imagen de ello, será una imagen de comportamientos, de conductas. Pero ¿cómo representas un resultado en el ámbito de identidad? Puedo descubrir que no es un «objetivo» de comportamiento. La identidad no se basa en un objetivo específico o en un resultado particular. En el ámbito de identidad tenemos lo que podría llamarse una misión más que un resultado concreto. Y, con frecuencia, la persona que está trabajando con un asunto de identidad no será capaz de identificar un objetivo concreto porque este resultará irrelevante.

Una misión podría incorporar muchos, muchos objetivos. Y puede que no haya una imagen específica, relacionada con ese asunto particular. Se trata más bien de una dirección. Y este es un nivel mucho más potente en el que hay que actuar de todas maneras.

A veces en una compañía los componentes comienzan a discutir objetivos y no se dan cuenta de que ese no es el asunto. Si la organización no tiene una misión definida, con frecuencia se discutirá sobre los objetivos. Estos surgen de la misión.

La misión se halla en un nivel diferente. Tiene más que ver con valores y criterios que con resultados prácticos y específicos. Y si un objetivo concreto entra en conflicto con la misión, adivina a quién van a echar por la borda.

P.: Cuando dices «misión», ¿es posible ser consciente de ella si uno no cree en Dios, por ejemplo? (Risas en el auditorio).

R.: Es una buena pregunta. No lo sé. Depende de lo que tú quieras decir con la palabra «Dios». Es un punto interesante y me gustaría hablar de ello. Yo cambio o actúo en mi ambiente, a través de mi comportamiento. Para cambiar mi comportamiento, tengo que estar en el nivel superior a él: en el nivel de las aptitudes. Si no estoy por encima de él, no podré entender ni cambiar mi comportamiento. Este nivel de las aptitudes es como el artista que está manejando la marioneta. Para cambiar una aptitud voy a tener que estar en un nivel superior a ella: el nivel de las creencias. Y para cambiar una creencia, para salir de mis creencias de modo que realmente pueda observarlas y cambiarlas, empezaré a actuar a partir de la identidad pura.

Así, la pregunta es: si comienzo a cuestionar, a cambiar mi identidad, mi misión, y para ello tengo que estar en el nivel de arriba, ¿qué nivel es ese?

No es identidad, no es nada sobre mí. No es acerca de mi ego, es algo mucho más amplio que mi misión, es acerca de ser un miembro de un sistema mucho más vasto. Y pienso que es un nivel espiritual.

Por eso digo que depende de lo que quieres decir con Dios.

Creo que en el punto en que uno trata de determinar su misión, o bien cuando uno no está ya seguro de quién es en realidad, estos asuntos hay que abordarlos ya en ese nivel «espiritual». No pienso que deba necesariamente ajustarse a algún dogma religioso existente, pero opera a un nivel muy profundo. Es una cuestión que uno tiene que responder por sí mismo, a fin de resolver este asunto de la misión.

En el caso de una persona que tiene una enfermedad terminal, no creo que exista una forma de poder hacer los cambios que necesita, hasta que dicha persona sea capaz de saltar a ese nivel para encontrarle el sentido a su vida, la voluntad para vivir. De hecho, pienso que es una coincidencia interesante que el término usado para describir la recuperación de alguien que padece de una enfermedad que amenaza su vida sea «re-misión».

Y más allá de eso, fuera de la enfermedad, pienso que los verdaderos genios que han existido a lo largo de la historia se elevaron con su propio trabajo hasta ese nivel espiritual. Su labor no versó sobre ellos mismos. Mozart dijo que su obra no venía de él. Independientemente de lo que uno pueda pensar acerca de ello, lo que él estaba diciendo es que su música no era una función de su ego o de su identidad. Su armonía era una expresión de algo que estaba fuera de esa identidad o creencia. También dijo: «Estoy buscando constantemente dos notas que se amen una a la otra».

Si identidad implica misión, espiritualidad comporta algo así como «trans-misión» (en ambos sentidos de la palabra, es decir, algo que es transmitido y recibido, y que atraviesa muchas misiones).

Lo mismo sucede con Albert Einstein. Refiriéndose a su trabajo en el campo de la física, afirmó: «No estoy interesado en este espectro de luz, o en cuánto pesa esta molécula, o en cuál pueda ser esta estructura atómica. Quiero conocer los pensamientos de Dios. Todo lo demás son detalles».

No me parece una declaración desde el ego. Se trata de una declaración de su misión. No dijo: «Quiero ser famoso cambiando la física», o «Voy a mostrar a estos tarados que lo que yo creo es lo correcto». Dijo: «Dios se muestra a sí mismo en la armonía de todo cuanto existe». Y la física era su búsqueda de Dios. Dios estaba en los modelos y en las relaciones de las cosas que sucedían en el universo.

Por eso creo que es importante lo que tú has dicho: «¿Cómo puede uno responder a preguntas relacionadas con la misión sin, de algún modo, hablar del tema de Dios?».

Estoy de acuerdo contigo, no es algo para reírse.

Me parece que esta totalidad de niveles es importante. Algunas personas son capaces de afectar al mundo a través de

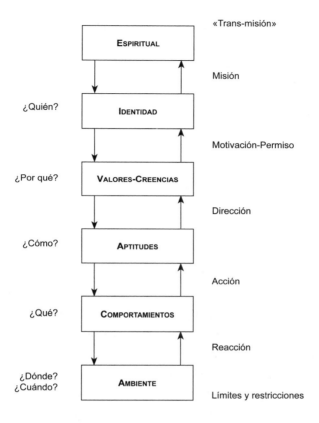

Figura 11. Preguntas y objetivos en diferentes niveles lógicos de sistemas

sus pensamientos. Otras lo hacen mediante su influencia sobre las creencias de los demás. Y algunos simplemente a través de su identidad, a través de quiénes son. Quienes realmente sobresalen son aquellos que no solo afectan a nuestro entorno, nuestros comportamientos diarios, nuestras aptitudes, conocimientos, pensamientos, creencias e identidades, sino también a nuestros niveles espirituales. Cuantos más niveles afecte algo, más completo será su impacto.

Cuando trabajamos para cambiar a una persona, organización o familia, en algunas ocasiones el problema es el comportamiento, otras veces son las creencias y otras el problema atraviesa varios de estos niveles.

He visto gente que llega a la PNL deseando hacer magia. Su actitud viene a decir: «Si tardas más de veinte minutos, es que lo has hecho mal».

Puedo aseguraros que cuando trabajé con mi madre para ayudarla a recuperarse del cáncer, no usé trucos rápidos ni argucias, y tampoco quiero hacerlo cuando trabajo con otras personas.

La cuestión es: ¿cómo reúno todos esos niveles en el trabajo que estoy haciendo?

De hecho, pienso que durante este ejercicio algunos de vosotros encontraréis probablemente que aunque comenzasteis con una creencia acerca de la aptitud, habéis terminado en un nivel más profundo.

Cuando rompéis la molécula que rodea a la sensación de fracaso, cuando quitáis esas capas, encontráis que no se trata solo de una creencia sobre aptitud o capacidad. De pronto os dais cuenta de que tal vez la creencia es acerca de vosotros mismos.

No es que crea que soy incapaz de esto; tal vez lo que creo es que mi lugar no está aquí.

Tal vez muy dentro creo que soy falso. Y eso se convierte en un descubrimiento muy importante.

Si esto os ha ocurrido en este ejercicio, si habéis pasado a través de esta primera creencia solo para descubrir algo que parecía más profundo, no es ningún fracaso, es un éxito. No pienso necesariamente que esta técnica esté diseñada para tratar con temas de identidad. Esto nos conduce, sin embargo, a la siguiente pregunta: ¿cómo tratamos con las creencias sobre la identidad?

Y este es uno de los temas de los que vamos a comenzar a hablar, junto con otras habilidades y otras técnicas.

Una de las cosas que he estado haciendo durante años es intentar usar las herramientas que poseo (PNL y otras) para estudiar las estrategias de la gente efectiva. Una de las personas que he estudiado recientemente es Jesús.

ALINEACIÓN DE TODOS LOS NIVELES

He estudiado los patrones verbales que Jesús utilizó y lo que yo podría aprender sobre su sistema de creencias y sus estrategias. Examinar sus mandamientos fue muy interesante.

Cuando Jesús fue retado para que dijera cuál era el mandamiento principal, saltó a un nivel lógico más elevado. No dijo: «No os comportaréis de esta manera o de aquella otra». No enunció resultados negativos.

Dijo que el primero y más importante mandamiento es: «Amarás a Dios con tu corazón, tu mente, tu alma y tu fuerza».

Si pensamos en lo que eso significa en relación con los niveles que hemos estado explorando, veremos que es como decir que te organices hacia tu propósito espiritual más elevado (Dios) con tu corazón (tus creencias), tu mente (tus aptitudes), tu alma (tu identidad) y tu fuerza (tu comportamiento). Básicamente tenemos todos esos niveles aquí alineados.

Jesús dijo también que había un segundo mandamiento tan importante como el primero, pero que viene después del primero: «Ama a tu prójimo como a ti mismo».

Una vez que estás alineado y eres congruente, ama a las personas que te rodean como lo harías contigo mismo. En el lenguaje de la PNL, esto significaría la habilidad de tomar una «segunda posición», esto es, ser capaz de ponerte en el modelo del mundo de otra persona y valorarlo como si fuera tuyo.

Pero fíjate que si yo no estoy alineado con todos esos niveles, si tengo un conflicto y me odio a mí mismo, seré incongruente, y seguro que trataré a mi prójimo como me trato a mí mismo, con odio e incongruencia.

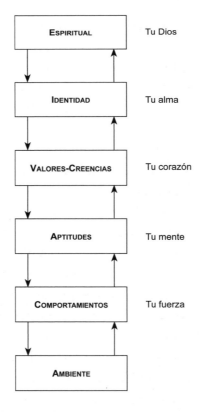

Figura 12. Alineación de niveles lógicos

Antes que nada: congruencia interior.

Pero si solamente tengo congruencia personal y no soy capaz de entender ni respetar el modelo del mundo de otra persona, podría derribar a otros y ni siquiera darme cuenta de ello.

Esto es lo que sucedió durante las cruzadas. Todos iban en busca de Dios con su corazón, su alma, su mente y su fuerza... y matando a su prójimo. Esto es faltar al segundo mandamiento.

Este es uno de los aspectos interesantes acerca del poder personal. Realmente creo que para lograr el equilibrio las dos son necesarias y pienso que vienen en ese orden. Espero que al terminar este curso así estaréis todos, o al menos cerca de ello.

EL EJEMPLO DE MILTON ERICKSON

Cuando Milton Erickson tenía diecinueve años de edad lo atacó la polio. No se podía mover, no podía hablar. Todos pensaban que estaba en coma. Y ahí se encontraba, a los diecinueve años, en el umbral de su vida, atrapado dentro de un cuerpo que no le respondía de modo alguno.

Cualquiera se podría sentir furioso. Uno podría percibir aquello como una confirmación de que nada vale la pena. Cualquiera podría sentirse indefenso. Seguramente Erickson pudo sentirse desamparado, especialmente cuando escuchó que el médico le decía a su madre que no iba a vivir hasta la mañana siguiente.

¿Qué haces en esa situación? Todo se reduce a una creencia.

Erickson comenzó a aplicar cada gramo de energía que tenía a la tarea de descubrir si podía mover alguna parte de su cuerpo. Averiguó que podía guiñar los ojos un poco. Necesitó una increíble cantidad de esfuerzo y de tiempo para llamar la atención de alguien y hacer que se diera cuenta de que era una señal. Entonces necesitó otra inmensa cantidad de esfuerzo y de tiempo para establecer un patrón de comunicación. Después de muchas horas de grandes esfuerzos finalmente fue capaz de enviar el mensaje que quería que llegara a su madre: que le moviera la cama hacia la ventana para así poder ver salir el sol la mañana siguiente.

Creo que en parte esto es lo que hizo a Erickson ser quien era. No el contenido de su vida, sino cómo se enfrentó a esos retos. Y así continuó durante toda su existencia.

Una vez que lo visité –debía de tener alrededor de setenta y cinco años–, alguien le preguntó el tiempo que esperaba vivir. Erickson respondió: «Según los médicos debería alcanzar los setenta años».

Esto es una clara muestra de sus creencias y actitudes.

Recuerdo que fui a verlo cuando yo tenía aproximadamente veinte años, junto con otro joven –se llamaba Jeffrey Zeig–. Estábamos solos con él. En cierto momento Erickson nos mostró una tarjeta que le había mandado su hija. En la parte frontal había un personaje de caricatura sobre un pequeño planeta perdido en la inmensidad del universo, y un texto que decía: «Cuando piensas en lo enorme, vasto y complejo que es el universo, ¿no te sientes insignificante y pequeño?». Al abrir la tarjeta leía uno en su interior: «¡Yo tampoco!».

Así era Erickson.

Yo no creo que su poder para curar procediera de su habilidad para dar órdenes indirectas o para poner a los pacientes en estado hipnótico. De hecho, mi esposa me dijo tras ir a verlo: «He leído todos los libros sobre Erickson y he merodeado alrededor de todos los que siguen sus técnicas. Todas esas presuposiciones en los patrones de lenguaje las pude captar en lo que él hacía. De hecho, pienso que en él eran mucho más evidentes que en otros como Richard Bandler o Steve Gilligan. Sin embargo, tenía tal contacto contigo y a un nivel tan profundo que ni siquiera hubiera podido imaginar no hacer lo que él me pedía, por miedo a que se pudiera romper ese contacto».

Ese contacto tan profundo era la fuerza de Erickson.

Si contactas con alguien a nivel de identidad, no tienes necesidad de ser indirecto o insinuante. El poder que se origina cuando crees en alguien más —porque tú, como Erickson tal vez, has tenido tus momentos de verdad y has llegado al interior de tu identidad y tal vez incluso más allá de ese punto— es un poder enorme. Lo que tú crees acerca de algo es lo que le da su efecto, su impacto.

Quizás puedes tomarte un tiempo y repasar tus experiencias vitales, en las que fuiste puesto a prueba, en las que tus creencias o tu supervivencia fueron puestas a prueba y en las que fuiste capaz de llegar a lo profundo de ti mismo y encontrar esa creencia que te dijo: «¡Hazlo!». Como dijo Jesús: «El que tiene fe en lo pequeño tiene fe en lo grande».

Una de las vertientes agradables de la PNL es que puedes tomar algo que tuviste quizás durante solo un pequeño instante en tu vida y hacerlo más grande. Puedes intensificarlo. Puedes echar anclas en ello, incluso descubrir las estrategias que lo generan y tomar esos recursos, esas creencias, esa fuerza y esa identidad, y extenderlos sobre las partes de tu vida donde más necesarios sean, como hizo Linda en la demostración.

Continúa yendo hacia atrás en tu historia, en tus experiencias. Tal vez encuentres otros recursos más; quizás una especial amistad con una persona que era quien tú menos esperabas que te apoyara en cierto momento en el que realmente la necesitabas. Encuentra incluso los objetos de tu niñez que te hacían feliz y que para ti eran verdaderos recursos; por ejemplo, una bicicleta en la que aprendiste el equilibrio, algún instrumento musical de juguete con el que descubriste el placer de hacer ruidos y sonidos, o una muñeca especial.

Ve todavía más lejos; tal vez hasta el momento en que aprendiste la diferencia entre la «A» mayúscula y la «a» minúscula, la «b», la «c»... Entonces comprendiste que esas letras juntas formaban palabras y que las palabras no eran una función de aquellas letras, sino una función de la relación existente entre ellas. Y que juntando esas palabras formabas oraciones y con las oraciones párrafos. Del mismo modo en que aprendiste a juntar tus sentimientos. Esos sentimientos eran como letras y palabras. Probablemente en un principio no estabas seguro de lo que significaban ciertos sentimientos, pero aprendiste a darles un significado. Aprendiste lo importante que era reconocer tanto el dolor como la alegría. Y todos esos sentimientos se unieron unos a otros para formar las oraciones y los párrafos que constituyen la historia de tu vida.

Descubre los sentimientos especiales de tu vida, los que fueron los mejores guías, los que te guiaron a tu propia verdad, a tu propia identidad, y disfruta esos sentimientos. Se sientan mal o bien, han sido tus guías. Quizás han cambiado, tomado diferentes significados a medida que has ido creciendo. Tal vez has dejado atrás algunos sentimientos de tu niñez, sentimientos que ahora puedes llevar contigo solo si es apropiado o ecológico, sentimientos que puedes permitirte volver a experimentar mañana o en días venideros.

Me gustaría hacer la transición hacia nuestro siguiente proceso de cambio de creencias partiendo de una historia alegórica acerca de un grupo de personas que habitaban muy lejos, en el espacio. Esta gente vivía su existencia de un modo exactamente opuesto al nuestro. Ellos nos vieron y dijeron que vivíamos al revés: nacemos, crecemos, trabajamos y al final morimos.

Así, ellos vivían sus vidas en orden inverso. Primero morían. Pasaban los primeros años de sus vidas en un asilo para ancianos, cansados y agotados del mundo, como distantes de sus parientes y amigos.

Pero luego, a medida que envejecían, en realidad se iban haciendo más jóvenes. Cuanto más tiempo pasaban en el asilo más parecían relacionarse con sus compañeros, más entusiasmados estaban y más reconocimiento recibían de sus familias.

Finalmente envejecían lo suficiente para salir del asilo de ancianos, alguien les daba un reloj de oro e iban a trabajar. Al principio sentían que en su trabajo ya habían hecho todo lo que podían hacer. Se agotaban y se cansaban. Pero cuanto más tiempo pasaban en sus ocupaciones más jóvenes se hacían, más ideas creativas se les ocurrían, más interés ponían y más entusiasmados llegaban cada día a sus lugares de trabajo.

Finalmente les parecía una maravillosa aventura ir a trabajar. Cuando llegaban a ese punto, tenían que dejar el empleo e ir a la universidad, donde pasaban el tiempo aprendiendo acerca de ellos mismos, intentando descubrirse a sí mismos.

En su mundo los estudiantes a veces protestan por la guerra, pues allí peleaban sus guerras de un modo inverso a como lo hacemos nosotros. Volaban al revés sobre extensiones de tierra destruida. A medida que el avión iba volando sobre árboles destruidos, hogares y personas, proyectaba algo así como un rayo mágico. Y toda esa destrucción la envolvía en una pequeña esfera, quedando atrás árboles verdes y flores y personas y edificios. Entonces el avión aspiraba la pequeña esfera y volaba sobre muchas otras tierras formando con la destrucción esferas y absorbiéndolas dentro de sí mismo.

Entonces los aviones aterrizaban en una pista de aterrizaje hacia atrás. Unas personas llegaban con camiones pequeños y llevaban las pequeñas esferas de destrucción a una fábrica. En dicha fábrica esas esferas eran cuidadosamente desensambladas y sus componentes, separados. Luego todas estas piezas se llevaban en camiones a diferentes lugares, donde las enterraban profundamente, para que jamás pudieran ya dañar a nadie de nuevo.

A medida que estas gentes continuaban haciéndose jóvenes, pasaban, en su adolescencia, por una época de confusión. No estaban seguros de su identidad. Tenían experiencias confusas acerca de quiénes eran y de sus relaciones con los demás. Pero como poseían todas sus memorias adultas para recordarlas, disponían de los recursos que les podían ser de ayuda para atravesar esa época.

Finalmente entraban en la infancia, donde cada día que pasaba sus ojos se abrían más para ver el mundo que los rodeaba. Una sensación de maravilla y de energía crecía cada vez más en ellos. Cada día sus creencias se hacían más amplias, más abiertas, más flexibles. Luego pasaban los últimos nueve meses de sus vidas en un ambiente cálido y suave donde todas sus necesidades y todos sus deseos los satisfacía alguien más. Y todo se terminaba como un destello en los ojos de otra persona.

Algunas veces me parece que es útil variar el modo en que percibimos nuestras vidas, para aprender de nuestros sueños y de otros modos de pensar. Tal vez esta noche tu propia mente inconsciente pueda sorprenderte y deleitarte con algún regalo especial, con memorias agradables o con sensaciones placenteras. Tal vez puedas disfrutar particularmente la compañía de alguien o compartir con alguien más una sensación o una creencia con la inocencia de nuestra niñez. Y con la inocencia de la niñez, que es un bien muy precioso, quizás puedas encontrarte a ti mismo volviendo a este salón, a este espacio, con los ojos abriéndose al mundo, con un poco más de energía para acometer las cosas que son importantes para ti.

CAPÍTULO III

SISTEMAS DE CREENCIAS Y CREENCIAS NÚCLEO

En ocasiones la limitación que una persona experimenta procede de todo un sistema de creencias, no de una creencia sola. En estos casos no vais a trabajar con una sola, puesto que se presentan múltiples creencias alimentándose unas de otras.

Cuando esto ocurra, necesitaréis retroceder y examinar el sistema de creencias en su totalidad. La limitación puede también venir de un nivel más profundo, que podríamos llamar la creencia núcleo, mucho más profundo que el nivel donde se originan las creencias sobre las aptitudes, cualidades o capacidades. Si una persona comienza con la creencia de que la vas a lastimar y te sientas frente a ella separando las partes de una sinestesia, esa creencia (de un nivel más elevado) sobre tu propia identidad va a tener un impacto mayor que cualquier otra cosa que tú puedas hacer. Así que tendrás que retroceder y preguntarte: «¿Cuál es aquí la creencia verdaderamente limitante? «¿Es esta en la que estoy trabajando, o es aquella otra contra la que me doy de cabeza cada vez que intento hacer algo?».

Como dijo Albert Einstein: «Las cosas deben hacerse tan sencillas como sea posible, ¡pero no más!».

En otras palabras, si para lograr algo se necesita precisión y tiempo, eso es lo que se necesita. Ese es el compromiso y esa es la inversión que hay que hacer. Intentar descubrir un atajo para cambiar algo importante y sofisticado no es necesariamente la estrategia más apropiada. Poner un poco de esparadrapo sobre una herida infectada tan solo creará más problemas.

Y eso es lo que estoy diciendo aquí. Si lo que se necesita es esparadrapo, úsalo. Pero si hay una infección, entonces será necesario tratar el sistema inmunitario.

Esto es importante en la PNL. No estoy diciendo que todo deba ser complicado y que necesite mucho tiempo, pero a ciertas cosas vale la pena dedicarles algún tiempo y hacerlas impecablemente y en su totalidad.

Ahora bien, ¿cómo detectas una creencia núcleo? ¿Cómo sabes cuándo estás ante una creencia importante? ¿Cómo encuentras una creencia para poder empezar? ¿Cómo sabemos que una creencia es la creencia núcleo?

No siempre es posible llegar y preguntarle al paciente: «¿Cuál es esa creencia núcleo que te está molestando?».

Se dice que el cambio de creencias es como la receta para hacer estofado de tigre. Paso número 1: tienes que atrapar al tigre. ¡Esa es la parte difícil! El resto es sencillo, como en cualquier otro estofado. Quizás otro tema que debamos tratar en este momento sea:

¿CÓMO SE OCULTAN LAS CREENCIAS?

Lo difícil, cuando se trata de identificar una creencia, es que las creencias que más nos afectan son generalmente aquellas de las que somos menos conscientes.

Esto es lo primero que debes tener en cuenta al trabajar con las creencias. Los problemas que con más frecuencia se presentan al tratar de identificar las creencias son cuatro. Vamos a repasarlos todos, y luego veremos algunas de las posibles soluciones.

1. LA CORTINA DE HUMO

Esto es lo que hace James Bond cuando los malos se le están acercando: presiona un botón y de la parte trasera de su automóvil sale un humo muy denso, que le permite escapar.

Y con frecuencia, en especial si la creencia está asociada con algo muy profundo o doloroso, la gente utiliza la cortina de humo.

Crees que todo va de maravilla. Estás progresando, estás llegando al corazón del problema y, de repente, el paciente se queda en blanco o todo comienza a volverse muy vago y confuso.

Te estás acercando justo hasta la creencia y entonces esa parte protectora de ellos aprieta el botón. Y de repente te encuentras perdido y confundido.

Al descubrir esto, debes darte cuenta de que no es una mala señal. Solo significa que estás cerca. Lo que yo generalmente hago es detenerme en lo que estoy haciendo y hacer que el paciente se centre en el humo (cualquiera que sea la forma en que este se presente).

— Puede ser solo una sensación que surja de la nada, como: «No puedo ir más allá». Eso podría ser una cortina de humo.

— O bien el paciente comienza de repente a cambiar de tema y a hablar de cosas intrascendentes.

— Además de quedarse en blanco o hablar de vaguedades, algunas veces dentro de la persona todo se bloquea. Eso podría ser también una cortina de humo. Tienes que darte cuenta de que la cortina de humo es el acceso a la creencia.

Ed Reese (otro instructor de PNL) y yo estábamos en una ocasión trabajando con un paciente que trataba de lograr algunos cambios de conducta bastante simples. Sin embargo, cada vez que intentábamos que hiciera una manifestación basada sensorialmente, se volvía vago. Todo se le volvía brumoso y no podía ver cosa alguna. De modo que dejamos de perseguir el resultado deseado y le sugerimos: «Céntrate en ese humo durante un momento, enfócalo. Y cuando lo tengas enfocado, deja que se aclare y comienza a ver lo que realmente hay detrás de él».

De repente empezó a experimentar convulsiones y regresó a un estado muy potente, a un recuerdo realmente fuerte.

Un día, cuando tenía nueve años, jugando al fútbol con algunos amigos, se disponía a darle a la pelota tan fuerte como pudiera. Estaba tan concentrado en la pelota y en su objetivo que no se dio cuenta de que el hermano de uno de sus amigos, de tres años de edad, se dirigió en aquel momento corriendo hacia él. Golpeó con toda su fuerza, pero falló. Le dio al niño en la cabeza y lo mató.

Ahora, fijaos cómo esto se relaciona con el hecho de no ser capaz de llegar al resultado deseado: «Cuando fijo mi objetivo y decido alcanzarlo, podría fallar y matar a alguien».

Se trataba de algo mucho más importante que el hecho de definir un objetivo. Esa experiencia había construido en aquel hombre una creencia realmente limitante, y eso cuando tenía nueve años de edad, en un momento en el que no disponía de los recursos necesarios para darle un sentido completo al suceso. La creencia construida a partir de aquel hecho no era la que necesariamente debía haberse construido. Lo que sucedió fue terrible, pero la creencia de que «no debo jamás intentar cosa alguna» no tiene por qué existir.

Al mirar detrás de la cortina de humo, con frecuencia descubrirás algo importante. Más adelante veremos cómo debe enfrentarse este tipo de situación. Pasemos ahora al segundo tipo de problema, de los que surgen al identificar creencias.

2. LA PISTA FALSA

En las novelas inglesas de misterio, la pista falsa es una maniobra de distracción que el fugitivo realiza para dirigir al detective en una dirección equivocada.

Algunos terapeutas tienen el hábito de inducir a todos sus pacientes a hablar acerca de sus madres y de su niñez, pero no es necesariamente ahí donde está el problema. De este modo el paciente aprende a culpar a otras personas y a otras circunstancias de algo que él está haciendo en la actualidad. Es como la cortina de humo. La parte que no desea ser descubierta se protege a sí misma.

Muchas personas tratan de ocultar las partes de ellos mismos que no les gustan para poder deshacerse de ellas. En ocasiones no se trata más que de un intento por protegerse del dolor tratando de esconderlo.

En transacciones de negocios, algunos tienen lo que se llama una «agenda oculta»: se trata de un plan que es importante que permanezca sin conocerse. Quizás están enojados contigo; sin embargo, se sientan y te dicen cumplidos, intentando lograr de ti algo que ellos desean.

La persona que está dejando la pista falsa no miente necesariamente. Posiblemente incluso no sea consciente de ello. Podría ser verdad que en un nivel está satisfecha, pero en otro no lo está. O que esa pista es correcta en un nivel, mientras que en otro ni siquiera se aproxima.

Este asunto de la pista falsa es uno de los problemas más grandes que surgen en la actualidad al tratar de coordinar las profesiones psicológicas y las sanitarias. Recientemente leí dos estudios que fueron publicados en el mismo mes. Uno de ellos afirmaba que se había demostrado fehacientemente que la actitud de los pacientes tenía un cierto efecto sobre su salud. Y el otro argüía que se había comprobado sin lugar a dudas que la actitud de los pacientes no tiene ningún efecto sobre su salud.

Así que decidí examinarlos a ambos con detenimiento. El que demostraba que la actitud tenía en realidad un cierto efecto sobre la salud había juzgado la actitud de los pacientes basándose en su participación en grupos de apoyo y en los cambios de conducta ocurridos en ellos.

El otro basaba sus deducciones en las respuestas que los pacientes habían dado a un cuestionario. Les entregaron papel y lápiz, y ellos mismos hicieron un examen de autoevaluación.

Debemos darnos cuenta de que las personas que se encuentran gravemente enfermas son probablemente las menos capaces de evaluar sus propias actitudes. Al igual que quienes están más ebrios son los menos capaces de evaluar sus habilidades para conducir. Si les haces una evaluación y les preguntas: «¿Qué tal podrías conducir ahora?», te responderán: «Perfectamente». Te dirán que nunca en su vida han tenido una coordinación mejor.

Lo mismo sucede con quienes están gravemente enfermos. Si les preguntas si piensan que van a mejorar, te dirán: «¡Sí!», porque lo desean tanto que no necesariamente están siendo sinceros consigo mismos.

La pista falsa con frecuencia surge de la incongruencia.

La solución es vigilar todas las pistas, el tono de voz, la fisiología, las pistas más mínimas y más sutiles.

3. EL PESCADO EN LOS SUEÑOS

Este nombre proviene de un programa humorístico de radio en donde un humorista representaba a un psicoanalista cuya teoría era que todos los problemas podían rastrearse hasta encontrar un pescado en los sueños del paciente. Así, cuando le llegaba alguien, le preguntaba:

—¿Tuviste algún sueño anoche?

—Oh, no lo recuerdo muy bien.

—Piénsalo. Debiste de haber soñado algo.

Por supuesto, si era un buen paciente encontraba la manera de complacer al doctor.

—Bueno, si eso me va a ayudar a mejorar, entonces sí, tuve un sueño.

—¿Había pescados en él?

—No, no recuerdo ningún pescado. No, no lo creo.

—Bien, ¿qué hacías en el sueño?

—Caminaba por la acera.

—¿Había charcos cerca de la acera?

—No lo sé.

—Pero ¿podrían haber existido?

—Sí.

—¿Había algún pez en ese charco?

—No, no.

—¿Había algún restaurante en las calles por las que caminabas?

Finalmente el paciente admite que podría haber existido un restaurante.

—¿Servían en él pescado?

—Sí, creo que podrían servir pescado.

—¡Bien! Eso confirma mi teoría. ¡Lo he descubierto!

Quienes trabajamos en la PNL podríamos caer en la tentación de hacer algo así. ¿Estás seguro de no estar creando una cierta imagen a nivel inconsciente?

De algunos pacientes se puede conseguir casi cualquier cosa, especialmente cuando se trata de personas que gustan de cooperar. Este tipo de pacientes confirmará todas las teorías.

No puedes confiar en lo que te dice el paciente ni tampoco en lo que tú piensas. En estos casos hay que proceder a calibrar las claves mínimas, aplicando una demostración de conducta, sin hablar de ello, pero corriendo hacia el callejón sin salida. No temas encontrarlo. El callejón no es un fracaso, es un éxito.

4. LA MASA CRÍTICA

El término «masa crítica» procede de la física. Para crear una reacción en cadena entre los electrones y los átomos es necesario alcanzar cierto umbral de energía. Cuando finalmente se llega a ese nivel, comienza la reacción en cadena.

Es como la paja que desloma al camello. Algunas veces veo a gente que toma esta última paja y la observa, diciendo: «Debe de haber algo mágico en esta paja. Puedo demostrarlo, acaba de romperle el lomo a mi camello». Por supuesto, para esa gente todas las demás pajas previamente apiladas sobre la espalda del pobre camello no cuentan.

En ocasiones, cuando estoy trabajando con alguien en un seminario, reenmarco varias partes, cambio un fragmento de sus miedos con submodalidades, me enfrento a una creencia limitante, etc. Finalmente echo el ancla en cierto recurso y abandono las demás anclas. Entonces la persona dice: «¡Vaya, ahora me siento de maravilla!».

En ese momento alguien en el auditorio levanta la mano y me pregunta por qué al empezar no eché el ancla en ese recurso, saltándome todo lo demás, dado que esto fue lo que funcionó.

Por supuesto, la razón de que funcionan de un modo tan espectacular es todo el trabajo anterior que le sirvió de base.

Lo mismo sucede con las creencias. Es necesario encontrar las creencias y quizás trabajar con más de una.

Daos cuenta de que nadie está limitado necesariamente por una sola creencia. Estáis trabajando con un sistema.

Esto debéis tenerlo en mente.

Una creencia no es «una» imagen, «una» serie de palabras ni «un» sentimiento, sino algo que los relaciona a todos ellos. Estamos es un nivel de pensamiento diferente.

La manera en que resolveremos una creencia no necesariamente deberá ser deshacernos de su contenido, sino reorganizar las relaciones.

Personas distintas pueden tener las mismas experiencias y, sin embargo, responder de una manera muy diferente.

CREENCIAS NÚCLEO

TRABAJO CON CARLA

Vamos a explorar cómo se descubre una creencia. La mejor manera es hacerlo con una demostración. Veamos el caso de Carla.

Carla nos dijo que había estado trabajando en algo. Pensé que podría hacer una demostración interesante e instructiva. Primero debemos tener en cuenta los cuatro problemas mencionados: la cortina de humo, la pista falsa, los pescados en los sueños y, finalmente, la idea de la masa crítica o grupo de creencias juntas todas ellas en un sistema.

Y queremos encontrar el callejón sin salida.

LA BÚSQUEDA DEL CALLEJÓN SIN SALIDA

R.: Carla, no es necesario que conozcamos el contenido, pero yo sé que existe esa «cosa» que sigue apareciendo y que tú te imaginas como un dolor de cabeza. Intentaste tratarla, pero creo que dijiste que incluso ayer, cuando estabas pensando en realizar los ejercicios de PNL, surgía y te detenía. ¿Cuáles son los problemas o síntomas que se te presentan?

C.: Tengo un dolor de cabeza como si un revólver estuviera disparando en el interior Se mueve de aquí a aquí. No puedo librarme de él.

R.: Nuestra primera pregunta es: ¿se trata de una función o de una creencia? ¿O es simplemente un dolor de cabeza? Asumo que para ti esto representa algo más que un dolor de cabeza normal. ¿Lo has tenido durante mucho tiempo? ¿O es reciente?

C.: No, ya lo he tenido antes. Sucede cuando «TENGO QUE...».

R.: ¿Cuando tienes que hacer algo?

C.: Sí, pero me gusta hacer esas cosas, solo que cuando tengo que hacerlas, no se cómo abordarlas.

R.: Lo que dices está guiándonos hacia ciertos temas muy comunes. Tenemos una especie de paradoja: quiero hacerlo, pero también tengo que hacerlo de algún modo y es entonces cuando esto aparece. Por cierto, quiero hacer una distinción en términos de razonamiento. Siempre que trabajamos con cualquier problema, tenemos que separar los síntomas de las causas. El dolor de cabeza es el síntoma. La pregunta es: ¿cuál es la causa de ese dolor de cabeza? Muchos tienen técnicas para tratar los síntomas, pero fallan al tratar la causa. Es decir, pueden tener técnicas para controlar el dolor o medicinas para calmarlo, pero si no tratan la causa del dolor, este sencillamente regresará. Cuando alguien desea perder peso, el peso es solo un síntoma. No es la causa. Lo mismo sucede en los negocios. Hay problemas en los negocios que son síntomas, y si tan solo pones un parche en el síntoma en realidad no has realizado el cambio que el sistema necesita. En nuestro caso, el síntoma es el dolor de cabeza, y queremos descubrir qué es lo que lo causa. Luego, queremos averiguar si se trata de un asunto de creencias. Y si lo es, ¿cuál es la creencia? ¿Es solo una creencia? Luego tenemos esa sensación, como si alguien tuviera un revólver en su cabeza. (Al auditorio:) En realidad ella dijo: «Como si tuviera un revólver en mi cabeza», e hizo el gesto con la mano izquierda. (A Carla:) ¿Qué es? ¿Una parte de ti que está impidiéndote que sigas «adelante»?

C.: No, no lo creo.

R.: ¿De dónde viene ese revólver?

C.: Si no me apunto a mí misma apunto a otros.

R.: Esa es una declaración interesante. Lo interesante para mí es que parece una respuesta excesiva, que indica una necesidad de hacer algo. Aquí tenemos una respuesta que en cierto modo parece desproporcionada con el asunto que está sucediendo. Vamos a seguir. ¿Has tenido eso durante mucho tiempo? ¿Lo has sufrido en diferentes momentos de tu vida? Tenemos una creencia muy interesante: si no apunto este dolor o este revólver hacia mí, lo apuntaré hacia alguien más. Sin ninguna duda, esto es una creencia. Pero tenemos la sensación de que no es una creencia completa. Debe de haber algo más. Una de las cosas que Freud dijo es que «una creencia repite la historia de su propio origen». Y me parece que una de las mejores estrategias que podemos usar en esta etapa es precisamente buscar ese origen.

La cuestión es: ¿cómo vamos a descubrir su origen? Como ya dije, el primer lugar adonde queremos llegar es al callejón sin salida. Así, vamos a rastrear, pero tengo que descubrir en primer lugar qué es lo que quiero rastrear. ¿Quiero rastrear el dolor, el tengo que, o la creencia de que si no provoco esto en mí lo provocaré en los demás? Pero antes de llegar a esa etapa quiero esperar un momento y buscar el callejón.

(A Carla:) Probablemente cuando tienes esa sensación o ese dolor dispones de muchos recursos. Sabes que no tienes que hacer algo que no deseas hacer. Lógicamente, sabes eso.

C.: No es lógico. Si lo pudiera hacer mediante la lógica lo haría, porque realmente disfruto lo que hago.

R.: ¿Entonces por qué sencillamente no abandonas el dolor de cabeza y «el revólver»?

C.: Es como si tuviera un garfio enganchado en la cabeza y alguien tirara de él cada vez que quiero hacer lo que me gusta. Es como si me empujaran hacia atrás.

R.: Escuchad esto: «Cada vez que quiero hacer algo que me gusta alguien me empuja hacia atrás». Este problema no es inusual en muchas personas. El hecho de que quiero hacerlo es lo que hace que me detenga. ¿Has intentado soltarte? ¿Qué has intentado hacer?

C.: Cuando quiero tener acceso a lo que estoy haciendo, cierro los ojos y me hago tan pequeña como me sea posible a fin de no ser vista mientras salgo. Pero eso es tan inteligente que siempre me atrapa.

R.: Daos cuenta de que lo llama «eso». Lo que nos está diciendo es que en ella hay esa otra identidad. Algo a lo que llama «eso».

C.: O tengo que quedarme muy quieta, fingiendo que no estoy haciendo eso de lo cual disfruto. Especialmente sucede por el hecho de que me dedico al teatro y escribo obras para niños. Todo lo que puedo hacer es escuchar mi intuición. Pero no puedo decidir o pensar en hacerlo. No puedo tener acceso a ello. No puedo retroceder, pensar en ello y componerlo todo.

R.: Examinemos un ejemplo de conducta. Algo que a ti te gustaría hacer.

C.: Cantar.

R.: ¿Qué te gustaría cantar?

C.: No tanto cantar una canción, sino sonidos.

R.: ¿Puedes hacerlo en estos momentos?

C.: Puedo hacerlo. Pero no puedo ir más allá. Puedo hacerlo. Sé que estoy dotada para ello, pero no puedo llevarlo a cabo.

R.: ¿Qué sucede si te pido que lo hagas en este momento?

C.: Podría hacerlo, pero me daría miedo.

R.: (Al auditorio:) Quiero seguir para crear ese callejón sin salida.

(A Carla:) Bien. ¡Da el siguiente paso! Dijiste que cuando quieres hacer algo que te gusta, no puedes porque tienes ese garfio. Bien, deseo ver ese garfio. No quiero seguir una pista falsa. Vamos a identificar algo que a ti te resulte muy agradable de hacer, algo que realmente quieras hacer y simplemente vamos a intentar lograrlo.

C.: Soy capaz de hacer cosas de un modo impulsivo, pero examinarlas con detenimiento y hacerlas, de eso soy completamente incapaz.

R.: Pensemos en esto. Es una paradoja interesante porque se trata de pensar en ello, no de hacerlo. Y eso en ocasiones nos puede engañar. El problema no está en la conducta. Si intentáis descubrir cualquier conducta en particular, ella os dirá: «El problema no es ese, eso lo puedo hacer». Lo que estáis oyendo es que con respecto a los resultados, probablemente ella pueda obtener cualquier resultado. Pero nos dice: «Cuando lo hago para mí es cuando surge el problema». Eso para mí significa que el asunto está más a nivel de identidad. Se trata de pensar acerca de «lo que quiero hacer y lo que me gustaría». Y eso es algo que querría que hicieras en este momento: piensa en algunas cosas que te gustarían para ti.

C.: ¿Hacerlas o serlas?

R.: Serlas.

C.: ¿Que me gustaría ser? Tener una buena transición interna, escuchar ritmos y sonidos. Dejar que me lleguen desde el exterior; tocarlos en el interior y devolverlos al exterior en un orden distinto, compartirlos con los demás y enseñárselos a otros.

R.: Veo que puedes pensar en eso y al parecer no te molesta.

C.: No, siempre me llena de alegría.

R.: Te vuelvo a preguntar: ¿cuál es el problema?

C.: ¡No lo sé! No lo sé. ¡No sé qué es!

R.: ¿Está sucediendo en este momento?

C.: ¿Qué?

R.: ¡Ese problema!

C.: Hay algo que falta. Tal vez no me responsabilizo de lo que me gustaría ser.

R.: Vamos a recordar en qué punto estamos. Estamos tratando de descubrir dónde se produce el síntoma y de qué manera se convierte en un callejón sin salida. Lo primero que descubrimos es que es un poco escurridizo, pues no solo funciona a nivel de conducta. No solo se trata de «quiero comportarme de este modo y no lo consigo». Es más bien algo así como «si me preparo para hacerlo, no lo consigo». Conozco gente muy competente, que lo hace todo muy bien y, sin embargo, su creencia es que no lo está haciendo bien. Por supuesto, nadie los toma en serio. Los demás más bien se preguntan: «¿Qué problema tiene esta persona?». Pueden hacer cualquier cosa. Son competentes, pero ese no es el asunto. El asunto es: ¿qué ocurre en el interior de ese individuo? Lo que Carla nos dice es: «Puedo hacerlo si no me responsabilizo de ello; sin embargo, si me responsabilizo, no puedo».

(A Carla:) ¿Puedes responsabilizarte?

C.: Cuando tengo que responsabilizarme, no puedo hacerlo. No se cómo hacerlo y no puedo deshacerme del «tengo que...». No puedo usarlo en mi propio beneficio porque se aleja de mí después, durante y antes de ello. Siento como si me lo aspiraran hacia fuera, solo en este lado.

R.: Pienso que nos estamos acercando al callejón. Está usando los mismos gestos y tonos de voz qué utilizó antes. Parece como si hubiéramos descubierto un patrón. Esto es lo que me gustaría hacer ahora.

LA LÍNEA DEL TIEMPO

(Robert utiliza ahora dos voces distintas. Para hablar con el auditorio usa su voz normal, y una voz suave e hipnótica para hablar con Carla).

R.:   Carla, me gustaría que imaginaras que frente a ti, aquí en el suelo, hay una línea. Esta es tu línea del tiempo. A la izquierda está el pasado, a la derecha el futuro, es decir, donde te gustaría poder ir, mientras que a la izquierda está lo que ya ha sucedido. Tú estás aquí en el presente y tienes esa cosa, eso que está aspirando parte de tu identidad. En un momento voy a pedirte que te coloques en esta línea imaginaria, mirando hacia tu futuro, y me gustaría que fueras consciente de esa absorción, de ese «revólver». Luego quiero que empieces a caminar hacia atrás sobre esta línea, yendo hacia atrás en el tiempo. Y ya sean conscientes o no, date cuenta de cuáles son los sucesos de tu vida que están relacionados con esa sensación. Me gustaría que fueras hacia atrás, en tu vida, hasta encontrar el suceso, o conjunto de sucesos, con los cuales comenzó esa «absorción». Y cuando te sitúes en esa línea, quiero que te sitúes también dentro de las experiencias de tu vida, que las vivas desde dentro.

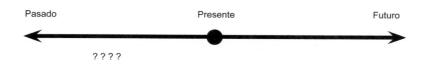

Figura 13. Línea del tiempo

(Al auditorio:) Existen dos tipos básicos de percepción del tiempo: a través del tiempo y en el tiempo. A través del tiempo es cuando ves tu vida de un modo separado. Puedo estar fuera, mirando los sucesos del pasado, viendo el futuro, o puedo moverme en el tiempo y volverlo a vivir, revivir una experiencia concreta.

(A Carla:) Voy a pedirte que te coloques en esta línea y que a medida que vayas hacia atrás, a medida que caminas, revivas los sucesos de tu vida, hasta que encuentres la primera experiencia que esté relacionada con esta absorción de ti misma. (Carla se coloca en la línea del tiempo y comienza a caminar hacia atrás).

Puedes cerrar los ojos. Este es el presente, precisamente ahora. Cuando estás aquí, el futuro está frente a ti y tu pasado se encuentra detrás de ti. Ahora vas a caminar lentamente hacia tu pasado. Cada paso hacia atrás te llevará a través de los sucesos de tu vida que están unidos por ese hilo, por ese revólver, por esa absorción. Cuando descubras un suceso que sea importante con respecto a eso, puedes detenerte y observarlo... y estar en él.

(Al auditorio:) Ahora os pido a todos vosotros que estéis atentos a cualquier cambio fisiológico que se produzca en ella.

(A Carla:) Déjate ir hacia atrás en el tiempo. Cada paso te acerca más a ese incidente que ocurrió en aquel momento.

C.: No puedo ahora. No tengo derecho a saber.

R.: (Al auditorio:) Aquí tenemos una creencia: «No tengo derecho a saber».

C.: No tengo derecho a decir que lo sé.

R.: Notad que esto es distinto incluso. Por cierto, si os habéis dado cuenta de cuáles han sido sus claves de acceso, habréis visto que siempre que piensa en el estado del problema, sus ojos van a la izquierda (diálogo interno).

C.: En cualquier caso nunca podré saber, porque no me está permitido. Si lo supiera, lo estaría descubriendo y no sé lo que estoy haciendo mal. Así finjo que no sé nada.

R.: Quiero que sigas yendo hacia atrás, pero sin que tengas que saber, vas a volver a eso.

C.: ¿No tengo que hacer nada? (temblando visiblemente) Estoy asustada.

R.: Quiero que observes ese sentimiento y que sepas que ese sentimiento está bien. Y observa qué más está sucediendo. Luego quiero que vayas un paso antes de que eso sucediera.

C.: Tengo que saltar sobre una cosa.

R.: Está bien. Salta. (Carla salta sobre un obstáculo imaginario). Ahora estás antes de que eso sucediera.

C.: Puedo verlo venir.

R.: Bien, entonces da un paso hasta antes de que te alcance, o más bien míralo en el futuro, de modo que esté frente a ti, en el futuro. Estás en el momento antes de que eso sucediera, viéndolo, y entonces se disipa en el futuro.

C.: Es como si hubiera llegado hasta antes de mi nacimiento, como si hubiera nacido para tener que pasar por eso.

R.: Entonces demos un paso hasta antes de que nacieras.

C.: Entonces estaría libre. (Risas de alivio en el auditorio). (Carla se ríe). Debo salir de mi madre.

R.: Ahora, desde ahí, puedes observar ese suceso que va a ocurrir, pero estás fuera de él. Estás en un lugar antes de que eso pasara.

C.: Cuando salí mi dolor de cabeza se fue y ahora cuando veo eso lejos, frente a mí como para deshacerme de ello, desaparece y me siento libre. Pero luego tengo que afrontarlo otra vez, vuelve inmediatamente.

R.: Bien. Para empezar detente durante un momento y sigue estando libre de «eso»; vuelve atrás y no mires al suceso.

C.: Pero está volviendo. No sé cómo alejarme. Lo mismo ocurre cuando quiero engañarle para ser creativa sin que nadie lo sepa. Si me doy cuenta, vuelve.

R.: Primero, solo quiero que encuentres un lugar donde por un momento estés libre de eso; tal vez si vas todavía más atrás...

C.: Como tú lo has dicho, ahora todo el mundo lo sabe. Esa es la razón por la que vuelve para alcanzarme. Me encuentra incluso en la oscuridad.

R.: Quiero que vayas a un lugar donde no te pueda atrapar, donde no pueda llegar hasta ti. Piensa en ello de este modo, desde donde te encuentras, viendo ese sitio futuro en tu línea del tiempo: ese suceso todavía no ha ocurrido. Incluso no tiene por qué suceder.

C.: No puedo hacerlo porque eso me está atrayendo hacia allí. Me gustaría hacerlo, pero no sé cómo.

R.: ¿Qué creencia necesitarías para poder hacerlo? ¿Qué creencia necesitarías para liberarte?

C.: Tendría derecho a ser lo que soy y eso estaría bien.

R.: (Al auditorio:) Ciertamente se trata de una creencia de identidad, sobre la propia autoestima (uno de los tres tipos de problemas que se dan con las creencias es precisamente el hecho de creer que uno no vale, que no merece algo).

C.: Que no tengo que pagar por alguien, o por la gente.

R.: «Tengo el derecho de ser lo que soy». Quiero descubrir si en ese momento, antes de que eso sucediera, tenías derecho a ser quien eres.

C.: Lo tenía, pero tengo la sensación de que eso es siempre mucho más hábil, que finalmente siempre se coloca detrás de mí. O tengo que correr cada vez más rápido hacia delante, sin cesar. Y sigue estando detrás de mí.

R.: ¿Qué sucedería si tuvieras derecho a ser lo que eres?

C.: Me volvería y me desharía de eso.

R.: ¿Puedes literalmente «volverte» en tu línea del tiempo y deshacerte de eso que está detrás de ti?
(Carla se da vuelta para mirar en la línea del tiempo la experiencia prenatal).

C.: Se está tranquilizando, dentro. Aún me duele, pero puedo soportarlo.

R.: Eso a lo que te estás enfrentando está muy atrás en tu vida; eso está detrás de ti. Mientras ves el suceso de este modo, ¿puedes decir: «Sí, tengo derecho a ser lo que soy»?

C.: En cuanto amanece y hay luz me encuentro atrapada como en un sándwich, y tan pronto como tengo acceso a cualquier cosa, la mata. Tengo la sensación de que estoy dispuesta a hacer lo que me pides que haga; quiero salir de esto, pero estoy atrapada por todos lados. ¡Esto es mucho más hábil que tú!
(Risas en el auditorio).

R.: ¡Ya veremos! Me gustan los retos. ¡Me parece que finalmente hemos encontrado el callejón! Primero, sal por favor de esa línea un momento. ¡«Eso» no sabe todavía de lo que yo soy capaz! Aún no he comenzado con él. Aquí hemos descubierto el callejón. Este es un ejemplo clásico de creencia y podéis ver cómo funciona. Quería que llegaras al callejón. Lo que has estado experimentando y describiendo es un callejón sin salida.

C.: Viene hacia mí desde todas partes.

R.: No tiene que ver con la conducta. Quiero decir, todos esos sentimientos y pensamientos no tienen nada que ver con la realidad tal como la conocemos.

C.: Estoy atrapada en cualquier punto del tiempo en el que me encuentre. Me sigue a todas partes.

R.: Pero ¿qué es? Para mí, lo que tenemos aquí es un buen ejemplo de una creencia relacionada con la identidad. No tiene necesariamente que ver con el mundo concreto de la realidad exterior; tiene que ver con el mundo interno de tu propia identidad.

A través del tiempo

R.: Ahora, desde aquí fuera, fuera de esa línea, quiero que veas todo lo que hemos hecho. Teníamos ese temor. Luego estaba esto sobre lo que tuviste que saltar, y después regresaste aquí. Durante un momento diste un paso más atrás de eso y te liberaste. Entonces pensaste en ello y eso regresó. Te moviste hacia un pasado más distante y la situación mejoró, pero entonces te «emparedó» de nuevo. Quiero que lo veas todo desde el exterior, ¿vale? ¿De dónde procede eso? ¿Procede de allí atrás o de algún lugar de aquí y sencillamente es capaz de ir adonde quiera? (Robert señala algunos lugares en la línea del tiempo).

C.: Pienso que viene de algún lugar de aquí (la experiencia negativa) y entonces se pone detrás de mí. Pero se esconde y se arrima a mí adondequiera que yo vaya, con mi mente o mi cuerpo, me sigue. Tengo la sensación de que es como una sanguijuela. Si intento quitármela, o se hace mucho más fuerte y termina cubriéndome hasta que esté completamente exhausta, o bien me la quito, la aplasto y la mato. Entonces me alejo corriendo rápidamente y, cuando llego adonde quiero ir, allí está, esperándome.

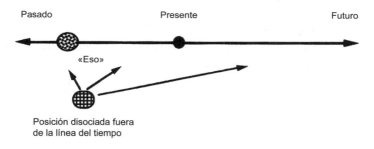

Figura 14. Viendo el suceso negativo «a través del tiempo»

R.:   Ahora estáis oyendo el tipo de cosas que ocurren con las creencias, los diferentes modos con que esta creencia funciona en Carla, el callejón sin salida.

Antes de seguir, observad que estamos recibiendo una representación disociada de eso.

Cuando ella estaba sobre la línea, se encontraba más atrapada en ello. Una vez que ha salido su relación con «eso» es diferente.

Aquí, yo quería que ella estuviera asociada dentro de eso. Fuera de aquí estamos disociados de eso, mirándolo.

Así, tenemos dos perspectivas, dos posiciones.

Dijo también algo muy importante cuando estaba aquí asociada con su línea del tiempo: «Es más hábil que tú».

Esto tiene un significado muy importante en dos sentidos.

1. Es una declaración de su relación (de ella) conmigo. Dice que para que podamos hacer cualquier cosa con ese suceso negativo, en esta relación conmigo tiene que haber confianza. Es decir, ella tiene un problema que la ha estado molestando durante toda su vida. Y se supone que yo la voy a ayudar. Con frecuencia en este tipo de situación la gente dice: «¿piensas que puedes ayudarme en esto? Te voy a meter en ello. Voy a poner esta creencia en ti y a ver cómo la manejas. ¿Crees que puedes hacerlo mejor que yo? Aquí está». Esto es algo legítimo. Y a ello me refería cuando dije que ¡Ni siquiera había empezado con eso!

2. «Eso» es una creencia en un nivel particular. En ese nivel tenéis que ser muy hábiles. No es un nivel lógico, sino de creencias.

EL ENCUENTRO DE LAS DOS PARTES

En otras palabras, la declaración de Carla nos dice dos cosas. Es una declaración sobre el tipo de recursos que necesitamos para resolver el problema y es también una declaración sobre la relación que tengo con mi sujeto, y esa relación es importante.

Cualquiera de ellas podría ahondar el callejón. Ella dijo: «Me gustaría poder hacer lo que dices» y, sin embargo, parte de ella está aquí diciendo: «¿De verdad?». Tengo que relacionarme con ambas.

Obviamente lo que falta aquí, el «eso», es la otra parte de ella. Es lo que, durante toda su vida, ha tratado de arrancarse, de aplastar, de hacer desaparecer. Y no lo consigue; es una parte de su identidad.

R.: (A Carla:) No es una no parte de ti, es parte de ti. Por eso nunca vas a alejarte de ello; eso es lo que te está diciendo. La cuestión es: ¿qué vas a hacer al respecto?

C.: ¿Con quién? ¿Qué?

R.: Con esta parte de ti que te fastidia.

C.: ¿Soy yo?

R.: No sé si alguna vez lo has considerado así.

C.: ¿Qué? No entiendo absolutamente nada.

R.: ¡Sí, te creo! ¿Escucháis lo que está diciendo? Ahora no comprende. Esta ha sido siempre la otra, no ella. Creo que es parte de ti. Y la cuestión no es cómo deshacerte de eso, sino qué papel juega en tu vida. Podemos decir que anteriormente sucedió algo que en muchos sentidos fue muy espantoso. En esa ocasión sucedió algo y esa parte se desarrolló o tal vez se separó. Lo que queremos es ver cómo se puede encajar todo esto junto en una nueva relación que sea útil y fuerte, en lugar de este lío doble.

(Al auditorio:) Ella siempre sentirá que algo le falta. Si intento dejar atrás esa otra parte de mí, me faltará. Lo que estoy ignorando es toda una parte de mí y de mi vida. Aquí es donde llegamos al sistema de creencias. A partir de ahí, en el presente, es: «Ahora no puedo, no puedo hablar de ello». Aquí, en el pasado, es: «No puedo deshacerme de ello». Es un conjunto de creencias infernal: no puedo deshacerme de ello, no puedo distinguirlo y no puedo hablar de ello. Estas son las creencias sobre las que tenemos que trabajar. Me parece que cuando hayamos terminado, veréis que este es un ejemplo clásico de este tipo de creencias, el cual os ilustrará algunos puntos muy importantes acerca de las creencias. Por cierto, ya hemos comenzado a hacer algunas intervenciones. De hecho, ya empecé a establecer una creencia diferente, ¿no es así? Desde aquí fuera dije que el problema está en que es una parte de ella, algo que ella antes no había considerado realmente. Fijaos: esta es una creencia que se halla en un nivel diferente de sus otras creencias. No es: «No puedo deshacerme de ello, no puedo hablar de ello». Más bien le estoy pidiendo que crea: «soy YO, es mi identidad».

C.: ¡Si escucho algo alegre ahí dentro y es mío, lo aceptaré!

R.: Daos cuenta de que cuando ella hablaba de no ser capaz de deshacerse de «todo eso», empleaba la mano izquierda. Ahora está usando la mano derecha. ¿Veis la asimetría?

CÓMO FUNCIONA EL SISTEMA

(Carla todavía está fuera de su línea del tiempo).

R.: Exploremos un poco. Me gustaría que lo hicieras desde aquí fuera. ¿Qué sucedió en ese lugar de tu línea del tiempo en el que «eso» apareció? Habéis visto que cuando se acercó a ese lugar temblaba. Y no creo que estuviera fingiendo. ¿Puedes ver una imagen disociada de lo que sucedió ahí?

C.: No, porque pasé por ahí con los ojos cerrados y no puedo ni quiero ver. Pero ahora me gustaría ver.

R.: (Al auditorio:) Creo que estáis ya captando mi punto de vista sobre las dos partes de su identidad. ¿Veis un pequeño conflicto en esa declaración suya?

(A Carla:) Me parece que hay una parte de ti que ve y una parte que no ve. ¿Qué recurso necesitarías para poder ver ese suceso desde fuera?

C.: Necesitaría ver desde cierta distancia y desearía no ser yo quien lo viera. Necesitaría poder actuar como si no fuera yo quien me estuviera viendo.

R.: ¿Escucháis? Eso es lo que ella cree, a fin de existir sin saber lo ocurrido. ¿Cuántos años tenías entonces?

C.: Entre cuatro y siete.

R.: (Al auditorio:) Obviamente, algo traumático le sucedió a esta niña entre los cuatro y los siete años. Cuando uno tiene entre cuatro y siete años, su identidad es mucho más flexible. ¿De qué forma intenta un niño enfrentarse con un suceso traumático? Dos estrategias muy comunes son:

1. Voy a hacer como si no me hubiera sucedido a mí, sino a otra persona.
2. Voy a hacer lo que sea necesario para no recordar ni ver lo ocurrido.

Cualquiera de ellos crea un problema interesante. «Jamás lo podré resolver, porque en realidad no lo estoy viendo. No soy yo quien lo está viendo realmente. O si lo veo, en realidad eso no me está pasando a mí». Creo que ya estáis empezando a daros cuenta de cómo los problemas de identidad pueden llegar a influenciarnos. (A partir de aquí, Robert hará énfasis en la disociación y en el trabajo con submodalidades, igual que vosotros lo haríais con una fobia, a fin de acercarse al incidente).

(A Carla:) Pero ¿y si tuviéramos otra oportunidad aquí fuera? Si pusiéramos alguna especie de pantalla de modo que lo que estuvieras viendo fuera como ver una película.

Quizás puedas hacerla tan borrosa que no seas capaz de ver quién es quién, en la película. Tal vez como una película muda en blanco y negro. Y puedes pasarla muy rápido. Todo lo que me interesa es quién está en esa película. No me importa lo que sucede en ella.

C.: Tengo la sensación de que estoy inventando las imágenes.

R.: Eso está bien.

C.: Tal vez lo estoy inventando todo.

R.: Esa es una declaración muy fuerte. Siento que tal vez lo he inventado todo. Por supuesto, esa es otra estrategia de protección: «O no me sucedió a mí, o simplemente lo inventé». Es una «pista falsa». ¿O no? ¿Qué es lo que ves?

C.: A mí.

R.: ¿A quién más?

C.: A un hombre.

R.: ¿Alguien más? ¿Tu madre? ¿Tus padres? ¿Solo tú y esa persona?

C.: Estoy yo y esa otra persona, con otros en la casa, siempre en lugares cerrados.

R.: Están ahí, pero ¿saben ellos lo que está sucediendo, o no lo saben?

C.: No lo saben. Luego lo saben e intentan averiguar.

R.: ¿Cuándo termina eso? Quiero que recorras la cinta hasta cuando eso se haya terminado.

C.: Como en cierto punto tengo el poder, dura varios años.

R.: Las otras personas que están en la casa y que intentan averiguarlo, ¿cuándo intentan descubrirlo? ¿Solo al final de todos esos años o a cada instante?

C.: Hacia el final. Hay otros niños también y ellos lo saben desde antes.

R.: ¿No pueden hacer algo ellos?

C.: Creen que es divertido y yo también lo creo.

R.: Esto es interesante. ¿Es esa la única creencia que tienes acerca de todo esto?

C.: ¿De qué?

R.: De este suceso y de todo lo que ocurre ahí.

C.: Estoy mintiendo.

R.: ¿A quién?

C.: A mí misma.

R.: ¿Acerca de qué?

C.: Finjo que no sé nada.

R.: ¿Que no sabes qué?

C.: Que lo quiero o que me gusta.

R.: Así que has descubierto que hay una parte de ti a la que le gusta. ¿Y una parte de ti que piensa que no es lo correcto?

C.: No he dicho que no fuese correcto. Esa expresión es de los otros, de los adultos. Ellos lo dicen.

R.: ¿Es una expresión de los adultos?

C.: Es su expresión, no sus palabras.

R.: (Al auditorio:) ¿Habéis oído? Está en su expresión, no en sus palabras.

C.: Porque ellos saben, pero no pueden creerlo y no se atreven a hablar de ello. Por eso me siento abandonada.

R.: Estamos empezando a desenmarañar esto y lo que queremos hacer es introducir ahora algunos recursos. Aquí tenemos una situación en la cual no existe solo una creencia, ni sucede una cosa, sino más, tres o cuatro quizás.

«Con los otros niños es divertido. Me estoy mintiendo al no admitir que me gusta».

¿Qué estoy diciendo por otra parte? ¿Estoy diciendo que no me gusta? ¿Es esa la mentira?

C.: Yo no digo nada.

R.: Así, al no decir nada, ¿estoy mintiendo? ¿Estoy mintiendo mientras no digo nada?

C.: Sí.

R.: (Al auditorio:) Observad ese acceso auditivo. Los elementos verbales parecen estar asociados con ella misma o con los otros niños. Los adultos aparecen como la expresión. Pero estos no hablan y eso hace que ella se sienta abandonada por ellos. Los adultos saben, pero no pueden creerlo. Por supuesto, hay otra persona, está el hombre involucrado. ¿Qué tenemos acerca de esta persona?

C.: Él es... un adulto que me gusta mucho.

R.: Él es alguien que te gusta. ¿Qué creencia es esa? ¿Tiene la misma expresión que los demás? ¿Él se miente a sí mismo como tú lo haces contigo misma? ¿Piensa él que es divertido, como los otros niños?

C.: Actúa como si estuviera jugando.

R.: Actúa como si estuviera jugando, pero ¿tampoco les dice nada a los otros adultos?

C.: No, está jugando.

R.: (Al auditorio:) Vamos a repasar lo que tenemos. Al principio tomamos una molécula de representaciones sensoriales y la separamos en los diferentes sentidos que estaban interactuando. Ahora tenemos otra molécula, pero no del mismo tipo o tamaño de las primeras moléculas con las que hemos trabajado. Esta es una molécula de identidades y de creencias en una relación. Allí había una relación de todo tipo de personas. Es como una molécula de identidades. Creo que, de un modo u otro, Carla se identifica con cada parte del sistema. Una parte de ella es la expresión de los adultos que la abandonaron. Una parte de ella es la niña que se miente a sí misma. Una parte de ella es, quizás, el hombre que está «solo jugando». Una parte de ella es los otros niños que se divierten y guardan secretos. Creo que la razón por la que la sigue a todas partes es porque la solución no es hacer algo en particular. La solución no es una sola cosa que podamos llevar a una sola persona. Lo que lo hace tan fuerte e irresistible es que el sistema se alimenta de sí mismo; el comportamiento de todos apoya a cada uno de los demás, para mantener un sistema disfuncional. Es una mentira de una mentira de una mentira. Todos se están mintiendo a ellos mismos. El hombre miente, la niña miente, los adultos mienten; no porque tengan el propósito de hacerlo, sino porque no pueden evitarlo. Mi pregunta es: ¿cuáles son los recursos necesarios para cambiar ese sistema? ¿Cuáles son los recursos necesarios para una niña de entre cuatro y siete años que se encontró en una situación que requería de un gran conocimiento para entenderla?

(A Carla:) Pienso que tal vez ahora tendrás el conocimiento que te permitirá resolverla. Tal vez no solo el conocimiento, sino también el valor y quizás algunos otros recursos más.

C.:   Creo que puedo hacer eso.

R.:   (Al auditorio:) Desde aquí fuera, Carla tiene ahora una creencia diferente. «Desde aquí fuera» no significa que si regresamos a esa línea ella va a seguir con la misma nueva actitud, y eso es lo que tenemos que integrar: las identidades asociadas y las disociadas.

C.: Lo que suelo utilizar para trabajar con niños es la alegría y el placer de esa niña, pero no el de esta situación. No. Por eso trato de evitarlo. Ella no está libre.

R.: Porque ha sido una parte de ti que realmente necesitamos reconocer en este momento. Ha sido una parte de ti que nunca ha renunciado. Una parte de ti que te sigue a todas partes. Que dice: «No voy a dejar que olvides, no puedes olvidar. Esto es algo importante en la vida». Esto era real. Ni siquiera me importa si el contenido fue real o no. Lo que es real son las relaciones y las mentiras entre las personas. Lo que es real es lo que eso le puede hacer a alguien. Existe esa parte de ti que sabe eso.

La teoría de la impronta

Existe una técnica de PNL llamada «cambiar la historia personal», en la que se envía un recurso al pasado de una persona. Generalmente es una aptitud que no tenía siendo niño, pero que ha desarrollado ya de adulto.

Sin embargo, la situación con la que nos encontramos aquí no es de las que se solucionan cambiando aptitudes, porque el asunto no es un recurso necesario para el individuo, sino un recurso necesario para el sistema. Necesitamos sanar la relación, no solo a los individuos.

Hace algunos años di unos seminarios con Timothy Leary (no tenían nada que ver con drogas). A Leary le atrajo la PNL porque pensaba que para provocar ciertos cambios, la PNL tenía más potencial que el LSD. ¡Quizás tenía razón! Uno de los motivos por los que en un principio se interesó en el LSD fue porque sentía que esta droga era capaz de poner al cerebro en un estado tal que podía ser reprogramado y ayudar a reprogramar lo que llamaba improntas.

Una impronta no es solo un suceso traumático de tu experiencia personal. Una impronta es una creencia o una experiencia que modela identidades. No tiene necesariamente que ser traumática. Es una reflexión de tu propia identidad. El proceso de reimprontación se deriva de este trabajo con Leary.

La palabra «impronta» se la debemos a Konrad Lorenz, quien estudió el comportamiento de los patitos desde el momento en que salen del cascarón. Lorenz descubrió que cuando los animales salían del cascarón, durante un día aproximadamente buscaban una figura «materna». Los patitos tienen una única submodalidad particular para definir a su madre. Todo lo que debe hacer la madre es moverse. Si algo se mueve, los patitos lo siguen.

Por ejemplo, iban detrás de Lorenz mientras él caminara. Aproximadamente un día después habían terminado ya la improntación de su madre. Acabado el periodo de improntación, si les traía a su verdadera madre la ignoraban y continuaban siguiendo a aquel caballero austriaco. Por eso lo seguían los patitos. Cuando se levantaba por la mañana, en lugar de hallarse fuera, en su nido, estaban todos acurrucados en el portal, alrededor de sus botas.

Incluso se improntó en uno de estos patitos la idea de que su madre era una pelota. Empujaban la pelota hacia todos lados y el patito la seguía.

Cuando el patito que pensaba que la pelota era su madre se convirtió en adulto, no cortejó a otros miembros de su propia especie ni se apareó con ellos. En lugar de eso desarrolló su comportamiento de cortejo y trató de aparearse con cualquier cosa redonda. Esto demuestra que cuando el patito creció, la impronta de la madre se transfirió a la impronta de una pareja.

Pienso, al igual que Leary, que hasta cierto punto esto ocurre también en los seres humanos. Si un padre abusa físicamente de su hija, esa impronta creará, cuando ella crezca, un patrón interesante. Independientemente de lo que ella desee hacer o de lo que lógicamente conozca, se involucrará con frecuencia en relaciones abusivas, porque esa impronta es como un arquetipo que le marca cómo debe ser su relación con un hombre.

Si una madre abusa físicamente de su hija, cuando esta crezca terminará de algún modo abusando de sus propios hijos y se odiará por ello, pero no sabrá por qué. Esto significa que nuestras primeras experiencias no solo afectan a nuestros sentimientos, sino que también crean modelos muy profundos para las relaciones futuras.

En ciertas situaciones de su vida el individuo será irresistiblemente atraído a seguir ese modelo. Le guste su papel o no, puede ser el único que tiene. Dentro del mismo modelo, pasará a ocupar la segunda posición. De algún modo adoptará ese segundo papel.

La gran fuerza que ese modelo profundo tiene me impresionó por primera vez en una ocasión en la que estaba trabajando con una mujer que tenía cáncer de garganta. Se hallaba en un profundo atolladero dentro de su proceso de recuperación. Finalmente estalló: «Siento como si se hubieran llevado mi garganta lejos de mí. Mi cuerpo no es mío».

Así, hice que centrara su atención en esa sensación y que recorriera su historia hacia atrás. De repente regresó hasta un recuerdo muy temprano. De este modo lo describió: «Soy una niña pequeña, y mi madre me está sujetando y me está sacudiendo». Pero toda su fisiología cuando decía esto era la de su madre agresiva, no la de una niña indefensa. Su voz estaba llena de odio y violencia. Pensé: «No está retrocediendo hasta ser una niña pequeña». Con ese comportamiento estaba retrocediendo hasta ser la madre que sacudía a la niña.

Este tipo de experiencias no se pueden resolver llevándole un recurso solo a la niña. Toda su neurología está organizada alrededor de la madre. Ella se convierte en la madre. Un cambio de historia típico no funcionaría aquí. Había incorporado el papel de la madre a sí misma. Nos guste o no, incorporamos en nosotros mismos los papeles que aprendemos de otras personas significativas. Los psicoanalistas llaman a esto identificación con el agresor.

A fin de construir un modelo del mundo, erigimos también modelos de otras personas significativas. Y al construir un modelo con diferentes papeles, es posible integrarnos en él. Especialmente si esas personas significativas tienen una influencia sobre nuestra identidad.

Entonces esto puede convertirse en una organización muy poderosa en nuestra propia vida. Cuando somos niños, nos identificamos con un cierto papel dentro del sistema familiar. ¿Qué sucede cuando nos convertimos en adultos. ¿Quiénes somos?

Como me dijo una mujer que había sido físicamente maltratada por su madre: «Cuando era pequeña y recordaba estos sucesos, siempre me identificaba con la niña; tenía miedo. Hoy, que soy adulta, cuando lo recuerdo, me es más fácil identificarme con la madre. Ya no puedo ser la niña. Por lo que experimento odio y cólera al mismo tiempo que miedo. Ahora soy adulta. Soy la madre y soy la niña».

R.: (A Carla:) Lo que quiero decir es que el enemigo no son las personas que se encuentran atascadas en un sistema disfuncional. No vas a resolver el abuso abusando de los abusadores. Solo harás lo mismo que ellos hicieron. El «enemigo» es el sistema, es la relación. Y no puedes asesinar una relación o dispararle con una pistola. Eso no se soluciona así. No debes creer: «Tengo que dispararme o dispararle a alguien más». La cuestión no es «reculpar» para llevar la culpa a otro lugar. La cuestión es: ¿qué es lo que va realmente a resolver esta relación disfuncional? En ella hay miedo, odio, gusto, diversión y secretos. Hay incredulidad y negación. Hay todo un sistema de cosas y el asunto, Carla, es que esa impronta no se va a ir, es parte de ti. En este momento esa impronta no es un segmento consciente de tu misión. Esa parte de ti no va a dejar que sigas adelante e ignores o reprimas esa ocasión en tu vida que te enseñó tanto acerca de los seres humanos y de ti misma.

C.: Ya lo he pensado. Trato de hacer ejercicios para deshacerme de ello, pero entonces hay otra parte de mí que me dice que no estoy siendo sincera, pues tengo la sensación de que no quiero deshacerme de ello.

R.: Lo que dice es que una parte de ella desea seguir y quiere deshacerse de eso. Y Carla, gracias a Dios, hay una parte de ti que no quiere ser insincera. Y esa parte de ti es importante. La siguiente cuestión es: si no vamos a resolverlo matando a gente o enviándola a prisión o como sea, ¿qué hacemos con alguien como este hombre? Creo que de esto es de lo que tratan tanto el mensaje como las creencias de la PNL. Realmente no tengo derecho a decirle a Carla que ella debería tener un recurso para resolver esta situación. Y si yo le proporcionara un recurso, tendría que ser al menos tan fuerte, poderoso e irresistible como las cosas que suceden en ese sistema. A la gente le preocupa que la PNL sea manipuladora. Pero si no tenemos algo que sea tan poderoso como disparar un arma, entonces no tenemos derecho a proponer una alternativa. Debemos disponer de las herramientas, las técnicas y las creencias necesarias para disipar el sistema disfuncional. No quiero decir necesariamente deshacernos de él, sino encontrar una solución que lo haga saludable.

(A Carla:) Durante mucho tiempo has sabido que esto no es saludable y tu cerebro no permitirá que intentes seguir de una manera enfermiza. No te dejará continuar más y más con el encubrimiento y el engaño que allí sucedió.

C.: Las cosas están muy revueltas aquí, debido a que el placer que obtuve en aquella situación es el mismo que el que tengo al crear espectáculos. Por eso no puedo tener ese placer y el placer creativo.

R.: Aquí vemos de nuevo la doble atadura. Aquí tenemos la impronta del criterio del «placer». Si experimento placer, de algún modo estoy recreando esta relación negativa. No quiero que sea enfermiza a fin de que pueda experimentar placer en mi trabajo creativo. ¿Es el placer lo que hizo que fuera enfermiza? Para mí, no es eso lo que hace que este sistema sea enfermizo. No es esa la creencia que tengo acerca de ello. Lo que digo es que el enemigo no está en el placer, el enemigo no eres tú. ¿Qué es entonces? En este sistema tenemos a una serie de personas con cualquiera de las cuales pienso que Carla se puede identificar. Mientras vaya identificándose con ellas, sigamos adelante y usémoslo. Parte de lo que yo estaba diciendo era que las personas se identifican con sus padres. Sé que cuando alguien tiene un problema con sus padres, con frecuencia, después de que estos mueren el problema se intensifica. Obviamente no tiene que ver con los verdaderos progenitores. De hecho, la razón por la que se hace más intenso después de que los padres mueren es porque esa parte del sistema se ha interiorizado completamente. Por lo tanto, tenemos que resolver el problema de Carla desde todas las partes del sistema que ella haya interiorizado. Para mí no es una de ellas la que causó el problema; es algo que faltaba en el sistema, en la relación. Algo faltaba en ese hombre. Algo faltaba en esa niña pequeña. Ella hizo su mejor esfuerzo basándose en lo que tenía. Algo faltaba en los niños y en los amigos. Esa niña estuvo abandonada.

C.: Ahora, cuando has dicho que algo falta en esa niña y en los otros niños, siento que quiero protegerlos; digo que eso no es verdad y...

R.: Antes de que sigamos adelante, si dices: «Eso no es verdad», ¿eso los protege? ¿Los estás protegiendo? ¿O vas a ser como los adultos que dejan que eso suceda? ¿Qué vas a hacer para protegerla realmente?

C.: ¿Como qué? ¿Como adulta?

R.: Vamos a definir eso ahora. Ella dice: «Quiero proteger a esa niña», pero ¿haciendo qué? ¿Promoviendo esa mentira? ¿Diciendo: «No es verdad»? ¿Va eso a protegerla?

C.: No. Son los padres quienes deben protegerla.

R.: Ahora vamos a los padres. ¿Qué necesitan esos padres para ser realmente capaces de proteger a la niña? Veis, ella repite en cierta manera lo que los padres hicieron: incredulidad. «No es verdad». Eso tan solo va a mantener ahí la cicatriz. ¿Qué necesitaron los padres? ¿Qué es lo que no tuvieron?

(A Carla:) ¿Es esa la forma en que tú piensas que los padres deben actuar? ¿Es así como tú harías con otro niño que tuviera ese problema? ¿Qué harías? ¿De qué recurso dispondrías?

C.: Primero, tendría mucho cuidado. Mi madre lo sabía. Mi madre sabía que ese hombre era así. Pero no lo vigilaba y no me mantenía alejada de él ni me advertía. Tan solo esperaba que no sucediera y se avergonzaba de que pudiera suceder

R.: ¿Qué recurso necesitaríamos llevarle a tu madre, que no tenía ella, a fin de que hubiera hecho algo mucho, mucho antes de que esa situación particular se diera? Dijiste que lo que tú habrías hecho es estar atenta. Observa que esa es la descripción del resultado de una aptitud. Vamos a escalar todos esos niveles porque pienso que necesitas de todos ellos. ¿Qué necesitas para ser capaz de estar atenta? ¿Qué sabes tú que tu madre no sabía, para no actuar como ella lo hizo con la niña?

C.: No temo a esa realidad a la que me enfrento y que está dentro de mí.

R.: Aquí en realidad Carla ha subido un nivel, es decir, por encima del nivel de aptitud, hasta una creencia: «No me da miedo admitir eso», pero pienso que esta solución necesita también algo a nivel de identidad. ¿Qué hubiera necesitado tu madre en su interior para poder decir eso?

C.: Enfrentarse a la realidad.

R.: ¿Qué recurso necesitaría para poder enfrentarse a ella, qué necesitaría en su interior? ¿Ha habido ocasiones, incluso si no es esta una de ellas, en las que te enfrentaste a la realidad de una situación?

C: Sí.

R.: Quiero que pienses en lo que hay dentro de ti que te permitió hacer eso. Quiero que experimentes eso.

C.: Confié en mi fuerza.

R.: Lo que quiero que hagas es que, desde aquí fuera, encuentres en tu línea del tiempo ese suceso en el que realmente confiaste en tu fuerza. Entonces, que te metas en ese suceso y que realmente tengas acceso a esa fuerza interior. (Carla se coloca sobre su línea del tiempo). Quiero que realmente entres en contacto con esa confianza en tu fuerza. Y me gustaría que hicieras esto desde aquí. Crea una energía, o un color, partiendo de esa sensación, de esa confianza, de esa fuerza, en el punto de tu interior del cual surge. Luego quiero que la reflejes, que la proyectes sobre tu madre en ese recuerdo. Es decir, desde aquí le estás dando esa luz, esa fuerza, esa confianza. Y quiero que observes lo que ella haría en esa situación, si tuviera este recurso que tú tienes.

C.: Para empezar ella está de repente muy molesta porque ha sido descubierta. No puedo hacerlo. Siento débiles las piernas.

R.: Quiero que veas lo que ella hace. Solo observa. Déjala hacer durante un momento. ¿Qué es lo que hace?

C.: Me observa preguntándose dónde conseguí esa fuerza.

R.: ¿Te está mirando ella aquí? Quiero que uses esa fuerza antes de que ella sepa de dónde la obtuviste; en lugar de que te mire a ti, haz que observe el sistema y que haga lo que tiene que hacer allí. ¿Qué es lo que va a hacer, ahora que tiene esa fuerza y esa confianza?

C.: Va a hablar tranquilamente con ese hombre y le va a decir que sabe lo que él intenta hacer.

R.: ¿Qué sucederá?

C.: Ella quiere a ese hombre, pero le dice que hará todo cuanto pueda, y ella sabe que puede...

R.: Continúa. Tómate el tiempo que necesites.
(Largo silencio).

C.: ...para proteger a su hija y que él debe saberlo.
(Carla solloza débilmente).

R.: ¿Qué hace él cuando ella le dice eso?

C.: Está tranquilo, porque es muy joven también y nadie sabe esto de él, porque estas cosas no existen en esta familia. Comprende que está equivocado. No ve a mi madre como una amenaza. Esto es algo que le trae paz, que lo lleva a encontrar su camino.

R.: ¿Ves que esto es mucho más poderoso que cualquier revólver que puedas encontrar?

C: Sí.

R.: ¿Qué aprende la niña cuando la madre hace eso?

C.: Si eso sucede al principio, juega con sus primos que están por allí, pero de hecho quería experimentar con eso y... Ya no sé más.

R.: Muy bien, ¿ella desea experimentar?

C.: No demasiado.

R.: Antes de que pasemos a la niña, quiero descubrir si su madre tenía esta fuerza. ¿Cómo reaccionó y cómo actuó con la niña que desea experimentar?

C.: Le explica que hay muchas cosas placenteras en la vida, algunas son para los pequeños y otras para los que ya han crecido. No estoy segura de que la niña haya entendido, pero la madre hubiera hecho que entendiera; que entendiera que la niña es una mujer.

R.: Quiero que veas a la niña mirando a su madre y escuchando la fuerza en su voz. ¿Cómo reacciona? ¿Entiende?

C.: Al principio siente vergüenza, pero su madre sonríe, toma a la niña en sus brazos...

R.: ¿Qué sucede?

C.: Calidez..., suavidad..., claridad, muchas risas, pero risas agradables. Primero, mucha tranquilidad y luego la niña se va a jugar. Teme todavía a ese hombre porque aún lo desea.

R.: Pero la madre tiene la fuerza y ha hablado con el hombre.

C.: Ya he olvidado eso. El hombre ha cambiado. Aunque cuando miro alrededor no estoy totalmente convencida de que ha cambiado.

REASOCIACIÓN CON LA LÍNEA DEL TIEMPO

R.: Antes que nada, tenemos aquí a este hombre y ella dice: «No estoy segura de estar convencida». Quiero que vayamos un paso más allá de lo que ya hemos hecho. En parte tal vez no está convencida porque hasta ahora todo lo hemos hecho desde el suceso exterior. Para terminar esta parte vamos a tomar esa confianza y esa fuerza, y te vas a colocar en la línea, dentro de tu madre. Vas a meterte en ese papel y desde él vas a ver a la niña y al hombre. Y quiero que lo hagas asociada. Puedes hacerlo en tu interior, no tiene por qué ser necesariamente en voz alta. Pero quiero que hagas lo que viste que ella hacía, como si fueras ella, con la niña y con ese hombre. Quiero que primero tomes este recurso, esta fuerza. Otra vez, accede a esa fuerza en tu interior

(Robert echa el ancla).

C.: Otra vez estoy asustada.

(Robert echa el ancla otra vez. Su voz ha cambiado. Ahora habla con la madre).

R.: Está bien. Toma esa sensación y esa luz y esa voz, y entra. Quítate la máscara, puedes hablar con ese hombre al que también amas. Puedes decirle que vas a hacer todo lo que esté en tus manos para proteger a tu hija y que él debe saber también lo que sientes por él. Puedes hacerlo de un modo que le dé tranquilidad, porque él admira tu fuerza y aprende de ti. Y tú puedes sentir tu propia fuerza, que aumenta cuando hablas con él, porque ves que le agrada. Él también necesita sentir esa fuerza. Luego puedes volver con tu hija y hablar con ella. Y ella encuentra tranquilidad en tu fuerza. Luego, por esta línea llega hasta el presente, porque esa niña necesitaba saber que tú, la madre, no harías esto solamente una vez. El hombre puede precisar más de una conversación de este tipo para cambiar realmente. Y tu hija necesita más ese tipo de conversación para saber que no ha sido abandonada. Se dice que la comunicación es un aprendizaje a corto plazo y que el aprendizaje es comunicación a largo plazo. Creo que hay mucho de verdad en ello. Me gustaría que caminaras a través del tiempo como si fueras la madre, con esa fuerza, hasta el presente. Tómate el tiempo que necesites. Acércate a esa hija mientras ella crece, compartiendo con ella y comunicándole esa fuerza. Tómate el tiempo que necesites para andar hasta el presente.

C.: Me vienen muchos recuerdos. Esta niña, mientras crecía, hizo todas las tonterías que pudo y se esforzó todo lo que pudo en hacerlas.

R.: Pero si la madre hubiera estado ahí con su confianza y su fuerza y la habilidad para comunicarse con su hija, todo habría sucedido de un modo muy distinto. Eso es lo que tú puedes hacer ahora. (Carla ríe. Su rostro está radiante. Ahora camina con confianza).

No tienes que hacerlo rápido ni lento. Ve al paso y a la velocidad que consideres apropiados para caminar hacia el presente a través de esos recuerdos, mientras los ordenas. (Carla camina lentamente sobre la línea como siguiendo un sendero de luz).

Ahora eres capaz de mostrarle tu fuerza para que ella pueda aprender de esa fuerza. La luz de esa fuerza y de esa confianza puede realmente generar calor y cordialidad.

C: Sí.

(Carla ha llegado al presente en su línea del tiempo. Su cuerpo está erecto, mira hacia el frente, respira profunda y suavemente y tiene una sonrisa enorme).

R.: Bien, creo que este es un buen momento para detenernos. (Al auditorio:) Gracias por vuestra paciencia y comprensión.

EL TRABAJO DE REIMPRONTACIÓN

Esta demostración nos ha enseñado mucho más que la técnica de reimprontación. Nos ha mostrado algunos tipos comunes de atolladeros y creencias, y también la forma de afrontarlos. Por ejemplo, hemos visto algunos buenos ejemplos de cortinas de humo, el lugar de donde han surgido y el modo en que se han manifestado.

LA PISTA FALSA: EL HOMBRE

Hemos visto también algunos ejemplos de lo que podrían haber sido pistas falsas. Podríamos habernos centrado en el hombre, aunque, en realidad, para resolver el sistema él no es tan importante como la madre. Algunos se centrarían en la relación entre la niña y el hombre en lugar de hacerlo en el sistema como un todo. Además, el problema no era causado por un solo asunto o una sola creencia, sino más bien por un sistema de relaciones.

CONVERTIR EL ATOLLADERO EN UN RECURSO

Observad que lo que parecía ser un callejón sin salida, un atolladero —«Me rodea totalmente y no puedo escapar de ello»—, se ha convertido en un recurso poderoso, porque ahora esa fuerza rodea totalmente, del mismo modo en que antes lo hacía el problema.

En otras palabras, cuando ese recurso pasa a sustituir al dolor o al revólver, está en todas partes, de la misma manera que el dolor, o «eso», estaba antes en todas partes.

LA MOLÉCULA DE IDENTIDAD: NECESIDAD DE CLASIFICARLA

Esta demostración nos ha enseñado muchas cosas acerca de las creencias; acerca de cómo vuestra relación con el paciente influye en ellas y cómo la molécula que creó el problema inicial, el atolladero inicial, necesita romperse y reorganizarse. Pero en este caso no se trata solo de una molécula de representaciones visuales, auditivas y cinestésicas, sino de una molécula de relaciones e identidad.

Primero tratamos la experiencia de improntación desde el interior, Luego salimos y clarificamos cada una de las posiciones. Después aportamos los recursos. Seguimos usando los mismos elementos, pero con una organización distinta, con una relación diferente.

Quiero resaltar el paralelismo existente entre lo que hemos logrado reimprontando y lo hecho con la técnica del «fracaso en la retroalimentación» que estudiamos en la sección anterior. En lugar de tomar únicamente las representaciones visuales, auditivas y cinestésicas y colocarlas en las claves de acceso adecuadas, tomamos las distintas identidades y las clasificamos en su lugar espacial, a fin de que no haya confusión en el presente.

Este es básicamente el objetivo de la reimprontación: hallar la molécula de relaciones. Es necesario salir de la molécula para poder reorganizarla en una nueva relación donde cada persona del sistema apoye a las otras, en lugar de dañarlas.

PASOS DEL PROCESO

1. ENCONTRAR EL ATOLLADERO O CALLEJÓN SIN SALIDA

Primero nos encontramos con la expresión del síntoma en el presente; tenemos que descubrir en el presente todo cuanto sea posible:

—Dónde está el atolladero (la expresión del síntoma).

—¿Qué es lo que impide realizar un cambio, o seguir adelante?

2. CREAR UNA LÍNEA DEL TIEMPO

A mí me gusta hacer una línea del tiempo física, porque ayuda a organizar los elementos del sistema de la misma manera en que poner los sentidos en sus claves de acceso nos ayuda a organizarlos y a mantenerlos separados. A menudo sucede, en la mente, que todos estos incidentes de diferentes momentos aparecen juntos en una especie de holograma. Por supuesto, a veces eso puede ser abrumador.

Es mucho más fácil enfrentarse con todas esas situaciones una por una. Además, una creencia limitante que ha sido establecida en las primeras etapas de tu vida comienza a crear otras creencias y otras creencias... Por lo que, si podemos llegar hasta la primera de ellas y cambiarla, todo lo demás empezará a arreglarse por sí mismo.

Es mucho más fácil hacer esto que intentar trabajar con esa creencia en el presente, a causa del efecto dominó. Cada una de las fichas va tirando otra a medida que crecemos.

3. LA BÚSQUEDA TRANSDERIVACIONAL

Tomamos el atolladero o la expresión del síntoma. Nos colocamos sobre la línea del tiempo asociada y nos dejamos ir hacia atrás, regresando, dejando los incidentes asociados con el atolladero en los lugares que les corresponden en la línea del tiempo hasta que llegamos al primer incidente.

Esto no tiene que ser consciente. Para hacerlo, uno ni siquiera necesita ser capaz de visualizar. Con frecuencia encontrarás que, al seguir esa línea, de pronto sabes que algo sucedió en un lugar determinado de ella. No estás seguro de lo que es, pero sabes que se trata de algo importante.

Eso está bien. Todo lo que puedes hacer es marcar el sitio y seguir adelante. No tiene que ser siempre algo consciente; eso es lo bonito de la línea del tiempo física. Con frecuencia sabes las cosas físicamente, aunque no las sepas conscientemente.

Así, hay que ir hacia atrás hasta descubrir el primer incidente. Tal vez solo sea una sensación de que es el primero. ¿Cómo sabes que no es tan importante? No estamos hablando de la realidad objetiva. Hablamos de algo mucho más importante: la realidad subjetiva, que es la que realmente determina nuestra forma de actuar.

4. LOCALIZAR UNA PERSPECTIVA PREIMPRONTA

Luego vamos un paso antes de que sucediera la improntación. Algunas veces esto es trascendental.

Por ejemplo, he descubierto que en muchas fobias el paciente tiene una «película» de cierto incidente, que pasa una y otra vez. No tiene un principio ni un final en sí misma. Por eso es necesario decirle: «Ve a un tiempo antes de que el incidente ocurriera, un tiempo en el que sentías seguridad, y descubre el instante en que dejaste de tenerla».

La seguridad es su límite por ambos lados. Sabes que en un momento dado se terminó y que incluso hay un principio en donde podrías ser capaz de hacer algunos cambios que podrían haber evitado el incidente. Yo llamo a esto hacer un sándwich de seguridad.

Por ejemplo: ¿recordáis cuando estábamos descubriendo un lugar antes de que ocurriera la improntación de Carla? Ella se colocó sobre la impronta y fuimos hasta antes de que sucediera todo ello. Así establecimos un sitio anterior al periodo de tiempo asociado con la impronta.

Este «sándwich de seguridad» no siempre lo resolverá, por supuesto, y esto es lo que ocurrió con Carla. Ella estableció un tiempo anterior, pero siempre que se hallara en la línea el incidente la encontraba, lo cual está bien.

Y puesto que andamos tras las creencias formadas por el incidente, es bueno mantener a la persona asociada en la experiencia de improntación. Por eso hemos estado un rato sobre la línea. Queremos que el individuo exprese sus creencias con palabras, o las generalizaciones que se formaron por esa experiencia.

Estas eran algunas de las creencias de Carla:

—No puedo hablar de eso.

—No puedo saberlo.

—No puedo escaparme de ello.

Para nosotros era importante saber de todas esas creencias. No tanto por el contenido de lo que sucedió, sino por el tipo de creencias que dicho incidente había generado. En este punto, no estamos tratando de arreglar nada. Todo lo que deseamos es descubrir las creencias.

5. Disociar al sujeto de la línea del tiempo

Entonces nos disociamos de ello y en este punto literalmente nos salimos de la línea, hacia el exterior, fuera de ella. La vemos desde fuera: aquí está el incidente, aquí está el antes, aquí está el después.

Así logramos una metaposición. También queremos, desde esta posición, descubrir qué otras creencias existen, porque esta perspectiva es diferente de la perspectiva asociada.

Desde dentro de esta experiencia la creencia podría haber sido: «Oh, soy una niña buena, estoy dando placer».

Pero desde la posición disociada podría pensar: «Es repugnante y vergonzoso».

La creencia, aquí en la línea, podría ser diferente de la creencia en la posición disociada.

No siempre es posible entender el ámbito completo del problema partiendo solamente de la creencia desarrollada en una perspectiva particular. Lo importante es el sistema completo de creencias. Por eso tenemos que conseguir varias creencias. Algunas veces la que surge ahí fuera, en la posición disociada, puede ser de gran utilidad también. Podemos, por ejemplo, darnos cuenta de que el sujeto reaccionó con los mejores recursos de que disponía en aquel momento, teniendo en cuenta el limitado punto de vista del mundo que entonces poseía.

6. Intención positiva del atolladero

En esta etapa, lo que queremos es encontrar la intención positiva de este atolladero.

¿Recordáis cuando estábamos aquí fuera y dije: «'Eso' es una parte de ti y tiene una intención positiva»?

Desde la metaposición, quiero descubrir el propósito positivo de ese atolladero: tal vez era proteger o evitar que el sujeto olvidase algo importante. En el caso de Carla, era: «No ser insincera conmigo misma y establecer límites».

Cómo establecer límites era parte de la creencia problemática. Cada persona en la relación de la impronta necesitaba tener unos límites: la niña precisaba saber si estaba bien ser creativa y explorar los límites interiores; la madre necesitaba ser capaz de establecerlos en el comportamiento de las personas que le importan, y el hombre tenía que darse cuenta de sus propios límites: ¿cuál era el límite del juego?

Todo gira sobre la ubicación de los límites apropiados, sobre cómo establece el individuo los criterios para saber hasta dónde puede llegar dentro de un sistema particular y seguir siendo ecológico.

Además, daos cuenta de que desde aquí fuera, cuando nos disociamos y vamos a una metaposición, lo que queremos es identificar a cualquiera de las otras personas significativas que intervinieron en la experiencia y entender la intención de cada una de ellas.

En cierto modo ninguna de ellas tenía realmente una intención maligna; desear placer no es una intención maligna en absoluto. La gente merece placer. La cuestión es dónde están los límites, a fin de que el logro de ese placer sea algo ecológico.

No creo que nadie en el sistema de Carla fuera una mala persona. Pero, evidentemente, necesitaban recursos adicionales.

7. LOS RECURSOS NECESARIOS

Ahora la cuestión es descubrir cuáles son los recursos y a qué nivel los diferentes individuos los necesitaban y no los tenían.

Estos niveles son importantes, porque algunas veces al preguntar: «¿Qué necesitabas?», la respuesta que se obtiene es: «Lo que necesitaba es no estar ahí, necesitaba estar en cualquier otro lugar».

Este es un recurso ambiental y ciertamente válido. Pero eso no es todo lo que al individuo le haría falta. Podría necesitar también un recurso de conducta para conseguir ese cambio en el ambiente.

¿Qué recurso de conducta habría precisado para ser capaz de hacer algo que le hubiera permitido estar en otro lugar? ¿Qué habría requerido para llegar a un ambiente distinto?

Por supuesto, para hacer las cosas conductualmente es necesario tener conocimiento interior. Podría necesitar una perspectiva mucho más amplia. Quizás aptitudes que tal vez no tenía, o que sus padres no tenían o que quien fuera que estuviese involucrado no tenía.

A veces algunos dicen que solo necesitaban escapar o matar a esa persona. Esta es, por supuesto, solo una conducta que además no siempre constituye la elección más apropiada o más ecológica para la totalidad del sistema.

A nivel conductual, es importante tener varias opciones. Queremos tener varias posibilidades que nos puedan dar más opciones apropiadas. Así, la aptitud de crear otras opciones es más general que las conductas específicas.

El sujeto podría decir: «Mi madre debía decirle algo a esa persona». Esto es una conducta para decir algo. Pero ¿cuál es la aptitud que se necesita para saber qué hay que decir? Podría necesitar algunas habilidades de comunicación. Podría necesitar algunas ideas de PNL. «Mi madre habría sido extraordinaria si hubiera tenido estrategias de PNL».

Para poder enfrentar esa situación y decir lo que debía decirse, podría necesitar un recurso en cuanto a creencias o tal vez incluso en cuanto a identidad.

En cierto sentido, pienso que de ahí fue de donde vino la fuerza en el caso de Carla: confianza, creer en sí misma, sentir su identidad y establecer unos límites. Creo que tener una identidad y tratar a los demás como identidades es uno de los aspectos más interesantes que se daban en el sistema de Carla.

Cuando la madre le dijo al hombre: «Te acepto, te quiero, pero voy a hacer todo lo que esté en mi mano para proteger a mi hija y tú debes saberlo», para mí eso fue amor puro. No es dependencia ni co-dependencia, es un reconocimiento.

Cuando unos y otros pueden hacer eso, cuando una persona puede expresar a otra una identidad pura, sin enjuiciar, sin odio, ese es entonces un momento de gran intensidad entre ambas, lleno de respeto y reconocimiento, sin juicios buenos ni malos. Eso es lo que le trajo paz al hombre, al igual que un cambio en su conducta.

De nuevo, en esta etapa encontramos qué recursos son necesarios. Y de nuevo podríamos necesitar recursos en todos los niveles. No creo que en todas las situaciones se necesite ir hasta todos los niveles. Podéis ver que la impronta de Carla era realmente algo serio, más serio de lo que hallaréis en muchas vidas. Pero independientemente del contenido, los suyos eran temas que cualquier persona tiene que afrontar en algún momento de su vida, sin esconderse de sí misma o de la realidad de sus propias debilidades.

Si alguien dice: «Solo necesitaba saber esto y aquello», o: «Mi madre hubiera necesitado tener tal y tal conocimiento», eso es, por supuesto, una aptitud. A veces esa nueva aptitud será todo lo que se necesita. Otras veces, aunque alguien ya tuviera la creencia y los recursos de identidad, simplemente no dispone de la información. En otras ocasiones la persona tiene la información, pero la niega porque no cree en sí misma.

Así, lo importante cuando se están hallando los recursos necesarios es preguntarse: «¿A qué nivel(es) es necesario este recurso?». Y, por supuesto, encontrar los recursos necesarios para cada posición perceptiva.

La habilidad para tomar posiciones perceptivas múltiples es importante en áreas distintas a la terapia. Si eres el líder en un negocio y no sabes lo que sienten, piensan o creen tus empleados, no serás un buen directivo, porque no tendrás ni idea de lo que es estar en su lugar.

El adulto verdadero sabe lo que es ser padre y sabe lo que es ser un niño. No ve la realidad tan solo desde una posición u otra.

En cierto sentido, lo que estamos diciendo aquí es: hay partes de mí que son tanto el adulto como el niño. Cuando voy hasta ahí en una tercera posición (la metaposición exterior al sistema y a la línea del tiempo), voy a una posición en la que mi identidad no toma partido por ninguno de los individuos involucrados y puedo ser consciente de la relación.

Después de identificar el recurso necesario y el nivel en el que está, tenemos que hacerlo accesible a la persona, al sujeto.

No importa que la madre nunca lo tuviera. No importa que la niña no lo tuviera en ese momento. Lo que importa es que el recurso existe y que el sujeto tiene acceso a él en el presente y puede sentirlo. Incluso si fue tan solo un momento de su vida, puede tomarlo y si lo ponemos en la experiencia de improntación, comenzará a dar fruto, comenzará a crecer como una semilla de mostaza.

Es importante no engañar al sujeto sobre la realidad de lo que sucedió.

Podrá siempre recordar lo que realmente ocurrió. Pero ese recuerdo, en lugar de ser una cicatriz y cada vez que piense en él vuelva a la confusión y a la impotencia, ahora lleva la solución dentro de él mismo. Así no solo puede recordar lo que realmente sucedió, sino que también recuerda la solución. Y la solución es real.

Sobre la historia personal es importante recordar que tú no eres el contenido de las experiencias que te sucedieron. Tú eres tus recursos. Esa es la realidad de la vida, no: «Tengo que ser como fui en mi pasado».

La realidad es que yo soy las creencias, las aptitudes y las conductas que aprendí de mi historia personal.

Por ello, en lugar de repetir mis errores estoy aprendiendo de ellos. Los recuerdos de Carla le pueden dar fuerza y paz, al igual que confusión y negación.

8. LA TRANSFERENCIA DEL RECURSO

Así, una vez que hemos anclado ese necesario recurso en el lugar de la línea del tiempo donde el sujeto pueda experimentarlo en su totalidad, queremos llevarlo a la experiencia de improntación y ver cómo esta cambia, desde el punto del recurso en la línea del tiempo. Generalmente, para lograr esta transferencia de recursos hago que el sujeto imagine el recurso como un color o tipo de luz particular. Luego hago que imagine que está enviando esa luz a través del tiempo, a la persona del sistema que la necesite.

Una de las razones para hacer esto desde cierta distancia es que, si surgiera algún problema, de este modo siempre podemos añadir otro recurso más, antes de que el sujeto se asocie de nuevo a la impronta.

Probamos los recursos cuando la persona está aun disociada de la impronta, sin asociarse con ella en su línea del tiempo.

Vemos cómo cambiarán las relaciones dentro del sistema. Primero tenemos que verlas desde el exterior. Una vez hecho esto sabremos que los nuevos recursos son tanto efectivos como ecológicos.

9. ASOCIACIÓN CON LA RELACIÓN FUNCIONAL

Luego el sujeto necesita experimentar el cambio en su totalidad, desde la posición asociada. Por eso tomamos el recurso y hacemos que aquel se sitúe dentro de las otras personas significativas y que observe cómo es todo desde sus posiciones perceptivas.

En el caso de Carla había varios individuos. Podríamos haber llevado también recursos a otras personas. La cuestión básica es: ¿qué se necesita para obtener la masa crítica que hará cambiar al sistema? Para Carla el elemento más crítico era la madre. Si ella cambiaba, todo lo demás evolucionaría también.

Podríamos haber regresado más veces y haberle dado más recursos a la niña o a los otros adultos, y repetir esto una y otra vez hasta hacerlo con todos. Entonces cada uno de los miembros del sistema se habría convertido también en parte de la solución. Por ejemplo, creo que es importante llevarle recursos al hombre y literalmente ver desde su perspectiva, porque Carla podría aprender mucho de eso.

Con frecuencia es bueno llevarle un recurso al agresor por dos razones: primero, si la niña sabe qué recurso necesita esa persona, podrá evitar que este tipo de situación se dé en el futuro, pues será capaz de reconocer a quien tiene lo que se necesita para actuar de manera apropiada y a quien no lo tiene. Si una niña va por la vida pensando que todos los hombres son malos, nunca aprenderá cuáles son las diferencias entre una persona que tiene recursos y una persona que no los tiene. Si puedo introducir el recurso, verlo, escucharlo y sentirlo, seré capaz de percibir si ese recurso existe o no en cierta persona, cuando esté cerca de ella.

La segunda razón es que si en realidad cierto individuo no posee ese recurso, quizás puede ser extraído de su interior o bien se le puede llevar hasta él para que pueda cambiar. Pero hasta que tenga el conocimiento necesario para hacer distinciones, siempre será una víctima del azar.

10. VOLVER AL PRESENTE

Después de haber retrocedido hasta la impronta, tenemos que ver cómo ese recurso cambia o afecta a cada situación relacionada que surge después de la experiencia de la improntación. Por ello hacemos que el sujeto camine sobre su línea del tiempo hacia el presente, para ver si las experiencias recientes apoyan los aprendizajes de los nuevos recursos en una especie de «efecto dominó». Como me dijo Carla después del proceso, cuando haces tanto cambio terminas realmente fatigado. Por eso debemos dar a las cosas una oportunidad para que cambien. Y por eso a veces es buena idea detenerse y descansar antes de ir al siguiente paso.

Lo importante de la reimprontación es que su finalidad es encontrar el papel modelo, descubrir la impronta, el «arquetipo» personal. Luego marcarle el paso y guiarlo, en lugar de intentar eliminarlo, negarlo o luchar contra él. En lugar de eso hay que aceptarlo y guiarlo.

Creo que, en cierto sentido, en la metáfora del revólver de Carla, todas las personas de ese sistema estaban apuntando el revólver a sus cabezas.

La niña disfrutó de esa situación, luego se sintió avergonzada. La madre la ignoró, luego se sintió culpable e, igualmente, avergonzada. El hombre no pudo evitarla y estoy seguro de que en algún momento también empezó a apuntar el revólver hacia su propia cabeza.

Todos hicieron lo mismo: ignorar el problema existente en el sistema hasta que fue ya demasiado tarde para hacer algo al respecto; entonces se sintieron culpables y avergonzados.

Este mismo tipo de patrón disfuncional puede darse en los negocios y también en los sistemas sociales. Hay un libro muy interesante titulado *La organización adictiva*, en el que los autores afirman que las adicciones comienzan en cualquier cosa sobre la cual los individuos sienten que tienen que mentir.

Al reconocer la necesidad de una identidad fuerte se crea una situación completamente distinta. No solo se resuelve este recuerdo, sino que también se crea una referencia positiva. Así que ahora, en el futuro, si Carla comienza a sentir la sensación de «no sé si debo enfrentar esto o manejar aquello», sabrá cuál es el sitio donde necesita actuar desde su interior y qué recursos requiere: conseguir fuerza y paz, comunicarse y establecer los límites apropiados.

RESUMEN DE LA TÉCNICA
DE REIMPRONTACIÓN

Una improntación es una experiencia significativa o una secuencia de experiencias del pasado en las que la persona formó una creencia o grupo de creencias.

La experiencia de improntación con frecuencia genera también un remodelado inconsciente de otros individuos significativos.

El propósito de la reimprontación es encontrar los recursos necesarios para cambiar las creencias y actualizar los modelos que se formaron; no se trata solo de resolver los temas emocionales como ocurre en la técnica PNL3 de cambio de la historia personal:

1. Identificad los síntomas específicos (que pueden ser sentimientos, palabras o imágenes) asociados con el atolladero. La mayoría de la gente quiere evitar los síntomas porque son incómodos. Pero es importante recordar que evitándolos no se resolverá la limitación.

Haced que el sujeto se enfoque en los síntomas, que pise la línea del tiempo (mirando hacia el futuro) y que camine lentamente hacia atrás hasta alcanzar la primera experiencia del sentimiento o de los síntomas relacionados con el atolladero.

Mantenedlo en el estado asociado/regresivo, haced que exprese con palabras las generalizaciones o creencias que se formaron a partir de la experiencia.

2. Haced que el sujeto dé un paso hacia atrás hasta un momento antes de la experiencia inicial de improntación. Entonces haced que salga de la línea, regrese al

presente y mire hacia atrás, hacia la experiencia de improntación desde la «metaposición».

Pedid al sujeto que observe el efecto que esa primera experiencia ha tenido en su vida. También, haced que exprese con palabras cualquier otra generalización o cualesquiera otras creencias que se hayan formado como resultado de la experiencia de improntación (las creencias con frecuencia se forman «después del hecho»).

3. Encontrad el intento positivo o el beneficio secundario de los síntomas o de las reacciones formadas en la experiencia de la improntación. Identificad a todos los otros individuos significativos involucrados en la improntación. Los síntomas en realidad pueden surgir de los papeles que los otros individuos significativos jueguen en el modelo. Encontrad asimismo la intención positiva de su conducta. Esto puede hacerse asociándose con el otro individuo significativo en la experiencia y viéndolo todo desde su punto de vista.

4. Para cada una de las personas involucradas en la experiencia de la improntación:

   a. Identificad los recursos o alternativas que en aquel momento necesitaba y no tenía, pero que ahora tiene disponibles. Recordad que no necesitáis limitaros a las aptitudes que el sujeto o los otros sujetos significativos tenían en ese momento. Mientras que el sujeto (no los otros significativos) disponga de esos recursos ahora, podréis usarlos para ayudar a cambiar esa experiencia. Haced que se coloque sobre su línea del tiempo en el sitio en donde experimentó con más fuerza ese recurso y echad anclas en él (aseguraos de que el recurso esté en el nivel lógico apropiado).

b. «Transmitid» el recurso a los otros sujetos significativos. Esto puede lograrse imaginando el recurso como un rayo de luz que puede iluminar la línea del tiempo hacia atrás y dentro de la otra persona. Observad cómo este recurso cambia la dinámica de todo el sistema. Ajustad o aumentad el recurso si fuera necesario.

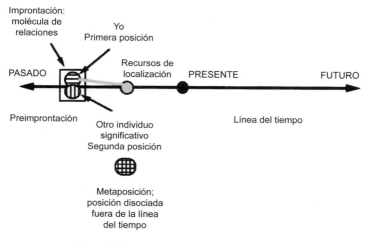

Figura 15. Mapa de la técnica de reimprontación

c. Manteniendo anclado el recurso, haced que el sujeto salga de la línea del tiempo, que camine hacia atrás hasta la experiencia de improntación, que se ponga en la posición de la persona que necesitaba el recurso y que vuelva a vivir la experiencia de improntación desde el punto de vista de esa persona, incorporando el recurso que necesitaba.

d. Pedid al sujeto que se coloque fuera de la línea del tiempo, fuera de la experiencia de improntación y actualizad o modificad las generalizaciones que hace él ahora de la experiencia.

Repetid este procedimiento para cada uno de los otros individuos significativos involucrados en la experiencia de improntación.

5. Pedid al sujeto que identifique el recurso o creencia más importante que podría haber necesitado desde su punto de vista. Echad anclas en ese recurso y llevadlo al sitio en la línea de tiempo antes de que sucediera la improntación. Haced que el sujeto lleve el recurso a su yo más joven y siga toda la línea de tiempo hasta el presente, experimentando los cambios hechos por la reimprontación.

Ensayad este proceso en vosotros mismos. Es muy importante aceptar y actualizar las relaciones significativas del pasado.

Por ejemplo, cuando yo estaba trabajando con mi madre en su cáncer, en cierto momento surgió un tema interesante. Tanto su hermana mayor como su madre habían muerto de cáncer de mama. Algunas personas tienen la extraña idea de que, para ser leal, para mantener la devoción, la pertenencia a la familia, tienen que seguir el modelo familiar. Más o menos algo así como: «¿Quién soy yo para ser mejor que esas personas que fueron mis modelos y mis maestros?».

Todavía más, si trascendieran el modelo familiar no tendrían ya modelo alguno; estarían abandonados a su propia suerte.

Muchas veces la gente preferiría morir antes que enfrentarse a lo desconocido. Evidentemente, esta situación no se puede resolver usando submodalidades para sacarla de la mente. Por eso le pedí a mi madre que fuera a la metaposición, y le dije: «En lugar de solo mirar al pasado para ver a tu hermana y a tu madre, para conocer tu identidad y saber cómo deberías ser, mira hacia el futuro por un momento y ve a tu hija, que está mirándote a ti para saber cómo debe ser ella». Esto le ayudó a poner el tema en una perspectiva mucho más amplia. Para mi madre esta fue una experiencia poderosa, y regresa a menudo a ella para tomar decisiones.

Este mismo tipo de problemas de improntación sucede a veces en situaciones de trabajo o negocios. Imaginaos a alguien que pertenece a una familia de clase trabajadora y que alcanza un cierto éxito en su trabajo, hasta el punto de que de pronto va a ser promocionado a un puesto de oficina. Podría sufrir una verdadera crisis, porque está saliéndose del patrón familiar, de su identidad cultural.

El éxito puede crear tanta crisis como el fracaso.

Cuando esa persona de clase trabajadora comenzó su vida laboral quizás miraba a los que tenían éxito e iban a trabajar con traje y corbata, y decía: «No tienen ni idea de lo que es la vida, son una manada de idiotas».

¡Imaginaos su sorpresa cuando de repente se encuentra en el lugar de uno de ellos!

Este tipo de problemas de relación se presenta en nuestras vidas de muchas formas distintas. Es importante ser conscientes de su poder y de la necesidad de actualizar esos modelos de vez en cuando para que nos apoyen, porque algún día nos encontraremos en uno de esos papeles.

EJERCICIO

Ahora haz tu línea del tiempo. Tal vez mientras seguías la demostración ya te vino alguna idea de dónde estaban algunos de tus asuntos importantes. Y, de hecho, tu mente inconsciente lo sabe.

Toma cualquier lucha, cualquier atolladero o síntoma que tengas en el presente. Colócate en la línea, encuentra la improntación y la identidad inicial, y las creencias que construiste a partir de eso. Entonces retrocede hasta antes de la improntación, sal de la línea y observa las relaciones clave de la improntación. Encuentra la intención positiva y los recursos que necesita cada persona significativa en el sistema.

Aunque la situación pueda parecer compleja, si puedes encontrar al menos a otro significativo, llevarle un recurso y actualizar el sistema, será para ti un ejercicio poderoso. Y hará que, de cualquier manera, todo lo demás empiece a suceder. Esto puede ser todo lo que se necesita. ¿Alguna pregunta?

P.: Cuando dices que vas a retroceder al pasado dejando que hable el inconsciente, en el momento en el que identificas algo con precisión, ¿surge una imagen?

R.: Cuando lo estoy haciendo, no tengo que tener una imagen en absoluto. Recuerda que con Carla no tuvimos ninguna imagen antes de salir de la línea. Algunas veces al asociarte con la experiencia de improntación no logras ninguna imagen, pero luego, cuando sales, comienzan a venirte imágenes. Esto tampoco tiene por qué ser objetivamente correcto. Puedes no saber si lo que ves es realmente lo que sucedió, o si el recuerdo es tan viejo que está totalmente distorsionado. Para mí lo importante es la distorsión, no la realidad.

P.: Pero ¿hay una imagen?

R.: Con frecuencia sí. La persona podría decir: «No veo una imagen clara, pero siento o sé que esto es lo que estaba sucediendo...». No tiene que ser una imagen clara, con tal de que puedas reconocer las relaciones involucradas.

DESPUÉS DEL EJERCICIO

R.: ¿Alguna pregunta, comentario o experiencia que compartir?

E: En cierto punto, cuando la persona estaba en metaposición, tuve la impresión de que el recurso era inefectivo, pero el sujeto decía que era lo bastante bueno. Por ese motivo, solo para asegurarme, hice que retrocediera en su línea del tiempo: al enfrentarse a la experiencia, dijo: «Es inefectivo». Entonces tuve que sacarla para seguir adelante.

R.: Está bien. Eso es usar tu experiencia como retroalimentación, como algo opuesto al fracaso. Lo bueno es que tienes una manera de retroceder y salir inmediatamente para aumentar el recurso. A veces es necesario combinar dos o tres recursos. Aquí es cuando entra en el cuadro el pescado del sueño. El sujeto podría tener su propio pescado. Él dice desde una posición disociada: «Oh, he descubierto la solución», pero cuando se asocia de nuevo en la improntación, descubre que no es suficiente. Por eso le dices: «Asegurémonos de que no se trata solo de pescado en el sueño». De nuevo quiero resaltar el hecho de que si inmediatamente no lo entiendes, eso no significa nada, pues estás en un contexto en el que puedes ir y tomar más recursos. Es un hallazgo, una idea, retroalimentación y un recurso tanto para el programador como para el sujeto. Eso es un éxito.

CREENCIAS Y NIVELES LÓGICOS

P.: ¿Puede un sistema de creencias o una secuencia de creencias estar relacionado con creencias anteriores o ser causado por ellas?

R.: Sí.

P: En este caso la creencia se remontaba a una edad muy temprana y era: «No tengo derecho a existir». En tal creencia, ¿cuál es la relación con la identidad?

R.: Evidentemente este tipo de creencias es siempre sobre la identidad. De hecho, estos son los tipos de creencias básicas que forman la identidad. Si comienzo con la creencia temprana de que no pertenezco a esta familia, empezaré a encontrar evidencias que la confirmen. Si hago que mis padres me den un azote, diré que eso es una prueba. Si me dicen algo agradable, «solo me están mintiendo, engañando». Así, comenzar con ese tipo de creencias establece un marco que determina cómo será interpretado todo más tarde. Si comienzo con la creencia de que sí pertenezco a esta familia, cuando ellos me digan algo agradable la estarán reforzando. Si me castigan, me preguntaré por qué lo hacen: «Debe de haber algo que tengo que aprender de esto». No tomaré el castigo como una consecuencia de mi identidad, sino de mi conducta.

IMPRONTAS Y SECUENCIA EVOLUTIVA

Este tipo de creencia es, en cierto modo, muy común. Hay un periodo durante el cual la gente construye ese tipo de creencias. En el trabajo que hice con Timothy Leary, de hecho lo que estudiamos fue un modelo evolutivo.

Decía que ciertos tipos de impronta tienen que ver con determinados temas que podían rastrearse hasta cierta secuencia evolutiva. La secuencia se relaciona de alguna manera con la jerarquía de necesidades de Maslow, pero presenta algunas diferencias importantes.

La primera etapa incluye las improntas a nivel de inteligencia biológica, que tienen que ver con la supervivencia: «¿Podré sobrevivir?». De niño, lo primero que debes resolver es cómo dominar tu funcionamiento biológico básico. Incluso el organismo más simple tiene que aprender a sobrevivir.

La siguiente etapa incluye improntas emocionales: «¿A quién pertenezco? ¿Dónde están mis lazos? ¿Cuál es mi territorio?».

La siguiente etapa comprende el desarrollo de improntas intelectuales: «¿Soy listo? ¿Puedo pensar? ¿Soy habilidoso?». Esta etapa tiene que ver con las aptitudes, en cierto modo. Está relacionada con el desarrollo de aptitudes para entender los símbolos y procesarlos eficientemente.

La siguiente etapa incluye improntas sociales: «¿Cuál es mi papel en las relaciones con los demás?».

Después de eso entramos en una etapa en la que desarrollamos una improntación estética. Entonces es cuando empezamos a darnos cuenta de las cosas por lo que son y finalmente somos capaces de percibir la belleza y las formas: «¿Qué es hermoso? ¿Qué es placentero?».

Finalmente hay una etapa en la que desarrollamos las improntas en un metanivel, que podría llamarse espiritual o de identidad y que es donde empezamos a enfocar nuestra conciencia en todas las etapas anteriores: «¿Qué me hace ser como soy? ¿Cómo puedo evolucionar?».

ANALOGÍA CON UNA COMPAÑÍA

En mi opinión las culturas y los negocios pasan por las mismas etapas.

Primero, ¿puedo sobrevivir? Después, ¿dónde está mi territorio? ¿A qué pertenezco? Luego empiezo a hacerme más listo, aprendo a tratar con el mercado y con las otras compañías. A continuación me hago socialmente más sensible. Finalmente la compañía alcanzará un nivel de conciencia estético en el que realmente se preocupará de la calidad del producto, no necesariamente porque eso le ayudará a sobrevivir, sino debido a la belleza del producto en sí.

Entonces empieza a evaluarse a sí misma, a extender y desarrollar su propia estructura interior.

Si en una de esas etapas se da una improntación negativa, se hará difícil pasar al próximo nivel. La cadena no es más fuerte que su eslabón más débil. Y si se ejerce cierta presión sobre el sistema, con frecuencia regresará a esa etapa particular, porque en esa etapa tiene un asunto sin concluir o falta un recurso que debería haber sido aprendido o desarrollado.

P.:   ¿Puedes darme una idea aproximada de cuáles son las edades críticas de esas etapas?

R.:   En general, pienso que los niños muy pequeños están en la etapa de supervivencia. Pero muy pronto empiezan a formar lazos. Primero te enlazas con tu madre, después con miembros de sistemas más amplios, es decir, tu padre, tus hermanos, etc. Generalmente comenzamos a reunir las improntas de la etapa intelectual en la escuela primaria: «¿Soy listo en comparación con los otros niños?». Y así sucesivamente. Así llegamos a la adolescencia. A los adolescentes les preocupa mucho su imagen social. Les inquieta mucho la percepción social. A menudo las improntaciones estéticas ocurren durante la universidad. Y después de eso, el metanivel. Esto es muy general. Dependiendo de los sistemas culturales y familiares y también del ambiente, algunas personas pueden ser forzadas a tener algunas experiencias precoces de improntación.

P.: Al retroceder hasta una experiencia así llegamos a una creencia como: «No tengo derecho a existir», y tomamos el recurso de la persona en meta y lo inyectamos en cada uno de los personajes de la situación, y cuando la persona siente que está bien regresar al presente, haces que ellos revivan los sucesos uno tras otro. Me pregunto si eso cambia el sistema de creencias relacionado con la creencia inicial.

R.: El tipo de creencia de la que estás hablando es lo que yo llamo una CREENCIA NÚCLEO. Una creencia núcleo es una creencia básica y muy general que tendrá influencia sobre todo lo que venga después: «Si yo no pertenezco a esta familia, ¿a quién le importa lo listo que soy?», «Si no pertenezco a este grupo, ¿por qué debería desear cumplir un papel social?». Eso va a afectar a todo lo que suceda después.

P.: Yo fui el sujeto en ese ejercicio y me sorprendió el hecho de que cuando todo mi pasado estaba frente a mí fui incapaz de experimentarlo completamente. Tuve que darle la espalda al futuro para descubrir la alegría y el placer que había experimentado antes.

R.: ¿Fuiste capaz de cambiar la improntación a fin de poder sentirte con recursos cuando estabas viendo el futuro desde esa posición?

P.: Todo eso fue antes de estar en la metaposición.

R.: Observa cómo los cambios de perspectiva modifican toda tu experiencia de algo. Puedo tener acceso de nuevo a los mismos sentimientos si vuelvo a vivir el suceso que creó esos sentimientos. Pero si veo el mismo suceso desde una metaposición fuera de la línea del tiempo, los percibiré de una manera distinta y tendrán un efecto diferente.

Si percibo los mismos sucesos en la línea del tiempo, pero desde un punto anterior o posterior en el tiempo, el contenido de los sucesos será el mismo, pero los sentimientos serán distintos. Los cambios surgen de mi posición con respecto a los sucesos. En gran parte, de eso es de lo que trata este proceso.

METAPROGRAMAS Y POSICIONES
EN LA LÍNEA DEL TIEMPO

En cierto modo, el contexto de la reimprontación nos proporciona los medios para cambiar los patrones de los metaprogramas y para clasificar los estilos. Por ejemplo, podemos fácilmente influenciar a la persona para que esté en el tiempo o que pase a través del tiempo, lejos o cerca, o que clasifique del presente al pasado o del pasado al futuro, o bien del presente al futuro. Podemos hacer que clasifique según el yo, los otros o el contexto.

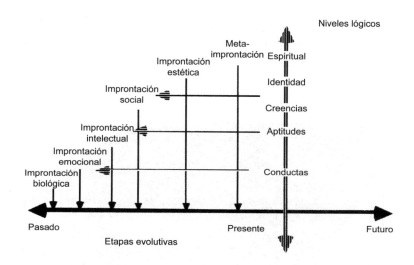

Figura 16. Improntaciones y etapas evolutivas de inteligencia

Lo que tenemos en este modelo particular es un conjunto de dimensiones que crean un contexto para el cambio. El cambio viene de la intersección de los niveles de perspectiva y los patrones de tiempo.

Así, tenemos el tiempo como primer eje. Tenemos también los niveles lógicos: identidad, creencias, aptitudes, conductas y ambiente en un segundo eje, y la posición perceptual en el tercer eje: yo, el otro y la metaposición en los metaprogramas.

De modo que lo que tengo dentro de esta estructura es un *gestalt*, un contexto espacial de mi vida que me proporciona un lugar para ir a descubrir los recursos que necesito. La interacción de todas estas dimensiones ayuda a crear el cambio.

El lugar donde me sitúe en este espacio contextual en realidad cambiará el metaprograma desde el que estoy actuando.

P.: Creo que lo que acabas de decir responde a una pregunta que yo tenía. ¿Estas experiencias traumáticas cristalizan patrones de metaprogramas?

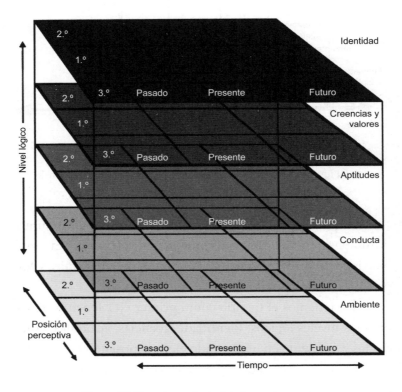

Figura 17. Espacio contextual de los metaprogramas

R.: Sí. Un patrón habitual de metaprogramas se forma porque tal vez a esa temprana edad yo no conocía las otras posiciones a las que podía ir. Quizás se forma porque esa fue la primera vez que tuve la percepción de un meta-programa. Se cristaliza, como tú has dicho. Se vuelve como un grano de arena en una ostra; alrededor de esa improntación se comienza a formar el resto de la perla hasta que retrocedemos hasta el interior de esas capas que rodean el grano de arena. Entonces podremos cambiar un poco ese grano de arena y cultivar una perla mucho más bella y exquisita. Con este proceso resolvemos problemas de creencias relacionados con el pasado a fin de aclarar la historia personal y ayudarnos a manejar mejor las relaciones con los demás. Una vez que hemos hecho las paces con los demás y con nuestro pasado, es el momento de reconciliarnos con nosotros mismos y de enfrentar el futuro. De esto vamos a hablar después. Para terminar nuestro trabajo con la reimprontación, vamos a resumir todos los puntos importantes.

LA LÍNEA DEL TIEMPO
Y EL PROCESO DE REDECISIÓN

Alguien preguntó: «¿Qué hago con una persona que tiene la creencia: "Soy gorda"?».

Esta es una creencia núcleo sobre la identidad.

¿Cómo puedo cambiar tal creencia núcleo? ¿Cómo hago para que la persona esté lista para asumir una nueva identidad?

Bien, primero tengo que encontrar la creencia núcleo, el grano de arena que empezó a moldear esa identidad. Tengo que retroceder hasta donde la persona tomó por primera vez esa decisión. Quizás incluso encontraré que existen otras creencias núcleo anteriores a esa. Luego voy a salir y a encontrar las circunstancias sobre las que la persona tomó esas decisiones.

Unas veces descubriremos que su madre era obesa: «Y yo debo ser como mi madre». Otras veces, que su madre era delgada: «Yo no voy a ser en absoluto como mi madre». En otras ocasiones es: «Nadie me cuida, por eso me tengo que alimentar».

Queremos encontrar la creencia y la situación que llevó a esa decisión sobre su identidad. Entonces aportamos nuevos recursos a esa situación pasada y hacemos que la persona se dé cuenta: «Esa es una decisión que yo tomé. ¿Es la decisión más apropiada? ¿O la tomé debido a la perspectiva y a los limitados recursos que tenía entonces?».

Luego llevamos la nueva decisión hasta el presente. Rompemos la vieja molécula, pero necesitamos reunir esos elementos de nuevo de una manera que dirijan apropiada y ecológicamente a la persona hacia el futuro.

A veces será necesario crear una nueva aptitud a fin de construir una nueva creencia. Y, en ocasiones, no será sino hasta que la liberemos de la vieja creencia cuando la persona estará lista para aceptar y aprender la nueva aptitud.

PULGAS IMAGINARIAS

Un ejemplo. David Gordon y yo estuvimos trabajando hace muchos años con una mujer que tenía una obsesión. Creía que tenía bichos sobre su piel: los llamaba pulgas imaginarias reales; imaginarias porque nadie más aceptaba que eran reales. Pero eran reales porque cuando se le subían, lo sentía. No podía ignorarlo. Tenía la horrible sensación de que la invadían las pulgas. Debía hacer algo para protegerse.

Por eso tenía setenta y dos pares distintos de guantes: para conducir, para vestirse, etc. Siempre compraba la ropa con las mangas más largas que sus brazos. Se restregaba de forma constante hasta que la piel se le ponía totalmente roja. Realmente su situación era lamentable.

Como las pulgas eran imaginarias, eso les confería cualidades muy interesantes. Por ejemplo, todos tenían pulgas, especialmente sus padres. Por supuesto, ella los quería mucho, pero como eran los que más pulgas tenían, no podía pasar mucho tiempo con ellos. Y como las pulgas eran imaginarias, podían incluso llegar a través del teléfono, de modo que cuando sus padres la llamaban, los insectos podían fluir desde el auricular. Esa era su creencia.

Por supuesto, muchos intentaron convencerla de que todo eso era una locura. David y yo hicimos varias cosas para entrar en armonía con ella, a fin de saber acerca de sus submodalidades y estrategias, pero lo que realmente puso esa creencia en el umbral fue cuando comencé a medir su sistema de creencias. Le dije: «Muy bien, existen estas pulgas. Pero me parece que durante toda tu vida has operado alejándote de ellas. Has intentado deshacerte de las pulgas; siempre has intentado hacer que se vayan lejos. Quizás esa sea una manera ineficaz de enfrentarte a ellas. ¿Ha tratado alguien alguna vez tu alergia imaginaria real a las pulgas imaginarias reales?, porque, según yo, todo encaja con los síntomas de una alergia. Algunas personas tienen alergia al polen; no pueden verlo pero se les mete en la nariz y se sienten mal. Sin embargo, no siempre tienen que esconderse del polen para hacer que su alergia desaparezca. Existen medicamentos que tratan su sistema inmunitario y anulan los síntomas de la alergia».

Entonces saqué un tarro de PLACEBOS y le expliqué: «Estas son pastillas imaginarias reales. Son imaginarias porque no tienen ningún medicamento real en ellas, pero son reales porque van a curar tu alergia y cambiarán tus sensaciones».

Una vez que conocíamos todo acerca de las submodalidades de su estrategia de creencias, empecé a describir cómo el placebo funcionaría, cómo se sentiría ella, y cómo todo iría cambiando de acuerdo con sus submodalidades críticas. Por supuesto, ella no pudo encontrar ningún fallo en esta lógica. Pero lo más interesante fue cuando a la siguiente semana vino realmente asustada. El motivo era que aquellas pastillas imaginarias reales habían funcionado.

Se sentó y me dijo: «¿Cómo voy a saber ahora qué tipo de ropa debo comprarme? ¿Cómo voy a actuar con mis padres? ¿Cómo sabré a quién debo dejar que me toque? ¿Cómo sabré qué debo hacer o adónde debo ir?».

Si no hubiéramos podido ayudarla a construir estrategias para llenar todo ese vacío, habría tenido que regresar a su obsesión por razones ecológicas: «Aquí estoy, abandonada ante lo desconocido».

Esta creencia había sustituido a muchas de sus aptitudes decisorias. Esto fue una importante retroalimentación; ciertamente no era ningún problema. Finalmente estaba lista para escuchar qué es una estrategia para tomar decisiones. Retrocedimos y le ayudamos a construir estas aptitudes.

Exploramos qué tipo de criterios debería usar para responder a las preguntas de «cómo sabré» que surgían constantemente y cómo descubrir la evidencia de estos criterios.

También tomamos algunos recursos decisorios que ella había desarrollado y se los llevamos a la niña que decidió crear esas pulgas, porque había tenido esa obsesión durante más de quince años.

El asunto es que las creencias, las aptitudes y todos los niveles se agrupan para formar el sistema total de la persona.

EL AMOR

Ya que estamos llegando al final de esta exploración de las relaciones con los demás, creo que hay un recurso con el que me gustaría dejaros: el amor. Desde luego, nuestras vidas las moldea el amor y aquellos a quienes realmente amamos. Hoy tal vez tenemos una mejor idea de lo que significa «amar a los demás como a nosotros mismos».

Creo que hay diferentes tipos de amor. A menudo empezamos inicialmente con uno que está basado en la conducta. Tal vez sea un tipo de amor construido alrededor de la sexualidad y el cuidado mutuo: alguien me ayuda a sobrevivir. Yo le ayudo a sobrevivir.

Luego, quizás, comenzamos a amar a alguien por lo que piensa, por cómo es, por lo que sabe. En lugar de sentir atracción hacia alguien por su cuerpo o por el tipo de coche que tiene o por el dinero que gana, nos interesamos en alguien por su mente.

Un nivel más profundo de amor comienza cuando empezamos a compartir creencias y valores. Entonces hay un nivel en el cual empezamos a compartir una identidad.

Tenemos una amistad o una relación, no por lo que alguien cree o por lo que tiene, sino por lo que es.

Incluso llega el momento en que pasamos a un tipo de amor que está por encima de todo eso: un tipo de amor espiritual. Creo que ese amor es tan importante en el desarrollo de la relación como en su final.

En cierto modo, si tienes una relación a nivel espiritual, nunca se acaba. Cualquiera que haya experimentado la muerte de alguna persona que amaba ha alcanzado ese estado cuando ya no puede experimentar directamente la identidad de dicha persona, su conducta, sus creencias, etc. La conexión tiene que pasar a ese nivel espiritual.

He visto gente que, a la muerte del ser amado o al final de una relación, adopta las conductas y las formas de comportarse de esa persona. En ocasiones esta es una parte útil e importante del ritual con el que finaliza una relación.

Cuando esa persona estaba presente, llenaba esa parte del sistema. Sin embargo, ahora que ya no está, tú tienes que aportar ambas aptitudes. Unas veces ciertas creencias y ciertos valores se intensifican. Otras veces se adoptan aspectos de las identidades de esos otros elementos significativos.

Creo que hay un proceso que es importante para superar eso que llamamos pena: ser capaz de integrar todos esos niveles de la relación.

Hace unos años mi padre tuvo un ataque cardíaco. No esperábamos que ocurriera. Solo tenía cincuenta y siete años. El ataque fue grave y se suponía que no iba a sobrevivir más que unas cuantas horas, por lo que mi familia se apresuró a llegar al hospital para estar con él.

Empezamos a hacer todo lo posible para ayudarlo a sanar y mantenerlo vivo. Desde la experiencia que tuve con mi madre y con otros casos de salud, quise intentar todo lo que estuviese en mi mano.

Sobrevivió ese día y los siguientes. Sin embargo, en este tipo de ataques, a medida que pasa el tiempo la situación empeora porque el cerebro se inflama y el cráneo no se dilata;

por ese motivo el cerebro comprimido empieza a presionar hacia abajo. Esto desordena todas las funciones vitales: la temperatura del cuerpo, la respiración, la presión sanguínea y el ritmo cardíaco. Es una paradoja interesante, porque al tratar de sanarse, el cuerpo en realidad se daña a sí mismo. Y el cerebro que está organizando todo esto es la parte que está dañada.

La situación de mi padre empeoró y los médicos dijeron que se hallaba en coma y que ya no podía escucharnos. Por supuesto teníamos todavía esperanzas e intentamos hacer todo lo que pudimos. También creíamos que aún podía escucharnos. Sin embargo, su cuerpo se debilitó cada vez más. Perdió la cuarta parte de su peso. Se quedó ciego. No podía mover el lado derecho de su cuerpo y no controlaba el lado izquierdo.

Desde luego, para mí era muy difícil ver así a mi padre, que siempre había sido fuerte y consciente y ahora estaba marchitándose hacia la nada.

Al quinto o sexto día la situación era realmente mala. Era como si tras haber estado corriendo tan rápido como fuéramos capaces, hubiéramos caído boca abajo en el lodo. Y nos levantáramos y diéramos todo lo que teníamos de nuevo, solo para caer una y otra vez.

Estábamos mi madre, mi hermana y yo, pidiéndole alguna señal de que todavía estaba ahí. Queríamos mantenerlo vivo.

De repente esa persona incapaz de orinar por sí mismo, ciego, con su cuerpo reducido a la nada y que apenas podía controlar sus funciones corporales, levantó la mano izquierda y tomó mi cabeza, tiró de mi oreja hacia su boca, y emitió un sonido que yo quise que fuera «hola», pero que era «adiós». Luego buscó con su mano hasta hallar la de mi hermana, la puso sobre su mano, después encontró la mano de mi madre y la colocó sobre la de mi hermana y finalmente encontró mi mano y la puso sobre la mano de mi madre y puso su otra mano sobre todas nuestras manos. Ese fue su último acto consciente. Nunca he visto nada más bello.

Esa noche mi madre tuvo un sueño en el que vio a mi padre. Tenía otra vez dieciséis años, la edad que él tenía cuando se enamoraron. En su sueño vio que él se alejaba y, por supuesto, ella no quería que él se fuera. Deseaba que se quedara o bien irse con él. Al principio estaba enojada, después triste. Pero dijo que él se veía tan feliz por el lugar adonde iba (teniendo de nuevo dieciséis años) que no pudo hacer que se quedase. Entonces él se giró hacia ella y le dijo que donde iba ella no lo podía seguir; todavía no era su momento de seguirlo. Podría parecer mucho tiempo el que iba a pasar hasta verse de nuevo, pero dentro de un ámbito de tiempo mucho mayor apenas sería un instante. Cuando estuvieran de nuevo juntos, sería para siempre.

Para mí esta es una improntación positiva. Cuando pienso en el último acto de mi vida, si mi cuerpo estuviera totalmente destrozado, con grandes dolores y prácticamente inútil —ciertamente mi padre estaba totalmente consumido—, si yo tuviera esa presencia de ánimo para integrar, para terminar todos los asuntos de esa manera, si yo pudiera utilizar todo lo que he aprendido en la PNL para ser capaz de hacer algo como eso al final de mi existencia física, mi vida y mis conocimientos habrían valido la pena.

Eso es lo que me gustaría sacar de la PNL.

Cuando llega el momento —cuando toda tu realidad cambia y no se puede hacer ya cosa alguna y lo que nunca imaginaste que podría suceder, sucede—, entonces «lo único que puedes

hacer es ser impecable», como diría Don Juan, de Carlos
Castaneda.

MEDITACIÓN SOBRE EL AMOR

El lazo del amor nunca se rompe. Solo cambia a diferentes
niveles.

Me gustaría que cerraras los ojos un momento y que pen-
saras en alguna persona que sea importante para ti pero con la
que no siempre estás. No tiene que ser alguien que se está
muriendo o que ya ha muerto. Puede ser alguien con quien no
has estado durante mucho tiempo.

Quisiera que observaras lo que piensas sobre esa persona.
¿En que parte de tu mente la ves? ¿Qué escuchas en tu mente?
¿Es una imagen clara? ¿Es distante? ¿Es brillante?

Entonces piensa en un amigo o en un objeto; quizás algo
de tu pasado. Aunque esa persona o cosa no esté ya ahí, sientes,
sin embargo, como si siempre estuviera contigo. Puede ser un
juguete que tuviste alguna vez; cuando lo recuerdas lo haces sin
tristeza. Puede ser un amigo que sientes que está siempre contigo, sin importar dónde te halles.

Me gustaría que observaras cómo visualizas o escuchas a
ese objeto, o a esa persona, en tu mente, de modo que pueda
estar contigo todo el tiempo.

Toma el recuerdo de esa persona que es importante para
ti pero con la que no puedes estar y cambia las cualidades de
ese recuerdo para que encajen con las cualidades del recuerdo
de esa persona u objeto que sientes que está siempre contigo.
Tal vez has acercado la imagen. Tal vez en lugar de verla atrás de
ti o a tu izquierda, el lugar de esa imagen es en tu corazón. Tal
vez haya cierta cualidad de color o brillo que hace que parezca

que está más cerca o más presente. Tal vez existe una cualidad particular de voz, de tono, de ritmo o de gravedad.

Mientras continúas dejando que el recuerdo de esa persona encuentre su lugar en tu mente, en tus valores y tus creencias, en tu identidad, recuerda por un momento una sensación de amor, de amor puro, un amor sin fronteras, sin cantidad, ese tipo de amor que no está dando o recibiendo, sino que simplemente es.

Observa de dónde viene ese amor. ¿Viene de algún lugar profundo dentro de ti? ¿De tu corazón? ¿O está por todas partes a tu alrededor?

Comienza a visualizar ese amor como una luz pura, brillante. Deja que brille y resplandezca dentro y alrededor de ti. Entonces toma esa luz. Conviértela en un hilo plateado resplandeciente. Anuda ese hilo a tu corazón y al corazón de esa persona que te importa, sabiendo que ese hilo de luz puede unir tu corazón a su corazón, sin importar dónde esté, lo lejos que esté ni en qué tiempo.

Es un hilo que puedes llevar a varias personas, un hilo que nunca se rompe, un hilo que nunca se queda sin luz.

Así, mientras estás ahí, sentado, puedes ver que tu corazón está conectado con tantos hilos como los de las personas que conoces o que están a tu alrededor.

Ahora siente el hilo saliendo. La luz del hilo empieza a extenderse y brillar, llenando todo el espacio que te rodea. Debes saber que es una luz que puede llenar con su brillo todo el universo.

Siente tu presencia en esta habitación. Y lo más importante, asegúrate de que puedes sentir ese amor hacia ti mismo.

Durante un momento, siente tu propio corazón latiendo dentro de ti.

También sé consciente de que eres una persona completa, un ser completo. Debes saber que puedes ser una identidad, un individuo. Siente tu propia individualidad, tu cualidad única. Quizás esta noche descubras o te des cuenta de que otros han anudado también hilos como esos a tu corazón.

Durante un momento, simplemente SÉ en esta habitación, de modo que únicamente seas consciente de ti; simplemente sé. Permítete sentir tan plenamente como sea posible ese ser, los sonidos, tu cuerpo, el aire y la luz que te rodean, el aire que llena tus pulmones, lleva oxígeno y vida a todo tu cuerpo. Y sé consciente de las otras personas que están a tu alrededor, de los otros seres, los individuos, la gente especial. A medida que abres los ojos y sientes esa luz que llena la habitación, trae aquí a ese ser, totalmente.

CAPÍTULO IV

CÓMO INTEGRAR
CREENCIAS CONFLICTIVAS

En esta sección vamos a trabajar en la integración de las creencias en conflicto y a explorar cómo ponemos juntas ciertas partes de nuestras identidades o sistemas de creencias para que funcionen apoyándose entre sí.

Una de mis metáforas favoritas para el proceso de cambio de creencias procede de una parábola de Jesús, cuando habla del sembrador y las semillas.

Dice que el sembrador echa las semillas en varios lugares. La semilla tiene desde antes el milagro de la identidad dentro de sí y es capaz de aportar su propio crecimiento. El sembrador o el agricultor no tiene que hacer que la semilla crezca. Esta tiene dentro de sí misma la magia de la vida.

Pero el sembrador tiene que preparar el terreno. Si deja la semilla sobre un suelo que no tiene profundidad, según la parábola, los pájaros se la llevan. Si la semilla cae en un suelo pedregoso, en un principio las raíces crecen rápidamente, pero cuando el sol caliente no serán capaces —a causa de las piedras— de lograr la profundidad necesaria y la planta se marchitará.

Si la semilla termina en un suelo con maleza, sus raíces crecen, pero entonces la maleza las estrangula al competir por el mismo espacio. Solo cuando las semillas caen en un suelo fértil y profundo pueden crecer y dar fruto.

Ésta es una buena metáfora de lo que significa desarrollar una nueva creencia o una nueva identidad.

Alguien que tiene una enfermedad grave puede decir: «Creo que puedo mejorar». Pero a menudo esa creencia no tiene suelo (base), ni profundidad. Tan solo son palabras, únicamente un espacio vacío. Si no hay representaciones ricas, si la persona no tiene un mapa interior o no imagina lo que sería visual, auditiva y cinestésicamente su recuperación y el hecho de sentirse bien, entonces el suelo no tiene la profundidad suficiente para que esa creencia crezca.

Luego, alguien llega y le dice: «Eso es una locura, por supuesto que no puedes ponerte bien, afronta la realidad: tu situación no tiene ya esperanza alguna». Sencillamente es como el pájaro que llega y se lleva la semilla, la creencia, del suelo duro y superficial. La persona se siente abrumada y admite que está dudosa e insegura.

Si la semilla ha caído en suelo pedregoso, lleno de impresiones limitantes del pasado, incluso si existen algunas representaciones, incluso si hay una parte de la persona que puede aceptar la creencia, sus raíces encuentran mucha resistencia.

Esas raíces podrán crecer hasta cierto punto, pero tal vez existen viejas moléculas que, como piedras del pasado, no van a permitir que las raíces de esta nueva identidad crezcan y lleguen hasta la riqueza de las experiencias de la vida de la persona.

Cuando se está bajo la presión de las dificultades que con frecuencia acompañan al cambio, la nueva creencia empieza a marchitarse. Está esa vieja molécula, esa piedra vieja del pasado que no permite que la creencia eche raíces de verdad.

A veces, cuando la semilla cae entre otras semillas empieza a competir con ellas para ver qué identidad cubrirá finalmente el huerto. Una crecerá y les quitará a las otras los nutrientes del suelo fértil. Entonces es cuando las identidades entran en conflicto: dos tratando de vivir en el mismo lugar.

En los dos últimos capítulos hemos aprendido métodos para construir un suelo (base) de aptitudes, o para romper esas piedras de viejas creencias a fin de que puedan convertirse en suelo apto para el cultivo.

CONGRUENCIA A NIVEL DE IDENTIDAD

En este capítulo vamos a asegurarnos de que somos congruentes tanto a nivel de identidad como de creencias, para evitar que dos partes diferentes ocupen el mismo espacio.

A menudo descubrimos que después de que una persona ha limpiado su historia personal sigue con la parte de su identidad que se desarrolló a partir de esas viejas creencias. Aunque esas viejas piedras o cicatrices no estén ya ahí, necesita integrar esa parte de sí misma que se desarrolló a partir de la improntación y se integró con el resto de su identidad.

Una vez estuve trabajando con una mujer etiquetada como esquizofrénica. Había sido hospitalizada varias veces y estaba bastante traumatizada por ello. Encontré una improntación realmente traumática al principio de su vida, algo que no podía reconocer ni de lo que podía hablar. La reimprontamos y se generó en ella un cambio muy poderoso.

Llegó hasta el presente y sintió un alivio inmenso al estar libre de esa impronta. Sin embargo, unas semanas después comenzó a experimentar un fenómeno muy interesante. Decía que empezó a sentirse muy fuera de lugar a causa de todas esas conductas, de todos esos aspectos de su identidad que habían ido desarrollándose alrededor de esta temprana improntación que ahora carecía ya de significado. Había construido esos mecanismos protectores de un modo tan potente que ahora estaba dispuesta a ir de nuevo al hospital psiquiátrico con tal de seguir con ellos. Aunque cuando miraba hacia atrás se daba cuenta de que ya no los necesitaba.

No sabía qué hacer con esas conductas y con esa parte de su identidad. Había desarrollado una forma de ser que ahora parecía totalmente innecesaria. No quería volver a su anterior forma de ser simplemente para sentir una sensación de propósito, pero debía soportar a una parte completa de ella misma que ya no tenía propósito alguno. Ahora incluso entendía por qué la gente decía que actuaba como una loca.

¿Que debía hacer? Estaba esa parte suya que sencillamente no podía desechar. Todas esas aptitudes, esas formas de actuar, eran una parte de su identidad. La cuestión era: ¿cómo iba a integrarlas a su conducta de manera que tuvieran congruencia con su presente y con su futuro?

Hice que empezara a trabajar en descubrir el valor positivo de esa parte suya, para que pudiera ir integrándola en su futuro. En la siguiente demostración vamos a ver algunas de las técnicas que utilicé con ella.

El asunto es que al hacer un cambio importante y resolver un problema que estuvo presente durante mucho tiempo, la persona va a otra crisis, a otra transición. En este caso su nuevo YO y su viejo YO no estaban coordinados, aún no se encontraban integrados.

Cuando empecé a trabajar con mi madre en su cáncer de mama, lo primero que observé es que ella estaba siendo muy incongruente con su identidad. Esto es muy interesante si pensamos en la metáfora del cáncer.

Esta enfermedad es una parte de ti, una parte de tu identidad, una parte de tu cuerpo que está avanzando como loca, fuera de control. Es una parte de ti, pero no es una parte de ti.

A menudo, muchas de las dolencias graves —al menos las que médicamente no disponen de cura en la actualidad— tienen que ver con este asunto de la identidad del cuerpo, que también está relacionado con la identidad personal y en particular con el sistema inmunitario. El sistema inmunitario es la parte del cuerpo que es la responsable de su identidad. El sistema inmunitario distingue el ser del no ser, y elimina todo lo que es no ser. Problemas como la artritis, las alergias, el cáncer, el sida o incluso algunos tipos de problemas del corazón y de diabetes son todas enfermedades creadas por un error de este sistema.

El cuerpo unas veces no reconoce a un invasor como invasor; otras se percibe a sí mismo como invasor —como ocurre en la artritis, el lupus o la esclerosis múltiple—. En la artritis el sistema inmunitario ataca las articulaciones. En la esclerosis múltiple ataca a su propio sistema nervioso. Y en el sida el sistema inmunitario se ataca a sí mismo.

Mi experiencia con personas que tienen este tipo de problemas de salud es que con frecuencia, en sus propias identidades psicológicas individuales, existe un tipo de conflicto similar. Ciertamente, cuando alguien está en conflicto consigo mismo, no puede organizar completamente todos sus recursos para lograr la meta de la salud.

En el caso de mi madre se trataba de un conflicto interesante. Desarrolló el cáncer cuando su hijo más joven (el último de cinco) iba a irse de casa. Había sido madre durante más de treinta años y, de repente, se hallaba en una transición tal que esa identidad no iba a existir ya más.

Una parte de ella era una identidad que se había construido partiendo del papel de madre. Durante todos esos años había actuado para otros. Se había hecho a un lado, se había hecho cargo de otras personas, pero había una parte de ella misma, una parte individual, que durante muchos años ella no permitió que se desarrollara.

A medida que sus hijos empezaron a marcharse y fue teniendo más tiempo para ella misma, lo que hizo para ocupar ese tiempo extra fue empezar a tomar empleos de enfermera. De nuevo cuidaba de otros. Pero existía un conflicto entre la parte de sí misma que sabía qué hacer para ser madre y la parte que quería hacer cosas para ella misma. Deseaba viajar, visitar lugares y realizar diversas actividades.

El problema era que esta identidad materna, este sistema de creencias orientado hacia otros, le decía que la parte orientada hacia ella misma era egoísta y que esa no era realmente su misión. Su misión era cuidar de otras personas.

La parte orientada hacia ella misma creía que la otra parte era una mártir. Siempre dejaba que otros controlaran su vida y nunca permitía que ella hiciera lo que deseaba hacer.

Siempre que alguien está en conflicto con su identidad, sucede algo interesante. Cualquier pequeño detalle puede iniciar el estrés.

Cuando uno es totalmente congruente, aunque le ocurran las peores calamidades, las manejará muy bien. Pero si es incongruente y está en conflicto consigo mismo, cualquier pequeño detalle puede iniciar la crisis. En otras palabras, si esa persona se rompe una uña, gritará: «¡Qué tonto soy! ¡Ya he echado a perder el día!».

No es lo que sucede en el exterior lo que crea el estrés. El estrés, en especial el que causa las enfermedades, surge de la manera como reaccionamos a lo que sucede en el exterior.

En el caso de mi madre, si ella hubiera dicho: «Tal vez hoy debería salir a cenar fuera, sería agradable», la otra parte habría protestado: «No, tienes que ahorrar dinero, tus hijos podrían necesitarlo en algún momento». O alguna otra razón: «Hacer eso es ser egoísta». Por lo que ella decidiría quedarse a cenar en casa. Y entonces su otra parte diría: «Ves, nunca haces nada por ti, no eres feliz, no puedes ir a ninguna parte, solo piensas en los demás».

Las decisiones son una función de tu identidad. Y cuando existen conflictos acerca de quién eres realmente, ninguna elección es la correcta. Si escoges esta parte, de aquella otra parte surge el estrés. Si escoges aquella parte, el estrés y los malos sentimientos surgirán de esta parte. Así, sientes que nunca puedes tomar la decisión correcta.

Cuando mi madre miró hacia el futuro y se imaginó a sí misma yaciendo en un ataúd, realmente le pareció algo apacible.

Cuando quieras tener voluntad para vivir, deberás tener una imagen del futuro que encaje con tu misión. Si la persona piensa que estar muerta es tan bueno como estar viva, entonces ¿en qué tipo de suelo estás sembrando la semilla?

Así, el conflicto ya no era realmente sobre su pasado. Era sobre ¿QUIÉN SOY YO? ¿Cuál es mi misión? ¿Cómo hago para que estas partes de mí, estas dos identidades, funcionen juntas?

En este sentido cada una de ellas estaba intentando deshacerse de la otra, matar a la otra. Lo que pretendemos es ver cómo podemos conseguir que esas partes, al igual que las creencias en conflicto, vivan en armonía.

Como dije antes, no es una coincidencia que llamemos «re-misión» a la recuperación de una enfermedad grave.

CREENCIAS EN CONFLICTO

Vamos a ver cómo hacer para que dos de tales identidades o sistemas de creencias en conflicto estén en armonía. En un sistema de creencias tenemos conflicto cuando dos o más creencias nos conducen a conductas conflictivas. A menudo este tipo de situación crea un «problema doble» (si lo haces metes la pata y si no lo haces, también).

Los conflictos más serios son los que tienen lugar cuando las creencias en conflicto involucran problemas de identidad con juicios negativos sobre uno mismo. Este tipo de conflicto siempre será el origen de problemas que generen desconfianza, odio o miedo a uno mismo. En la mayoría de esos conflictos de creencias, veremos oposición entre la lógica y las emociones, la razón y la intuición, el niño y el adulto, el pasado y el futuro, el cambio y la estabilidad. Es la famosa dualidad del YIN y el YANG del taoísmo.

PARA IDENTIFICAR EL CONFLICTO

Quiero también mostraros otras maneras de identificar creencias. Al retroceder en nuestra línea del tiempo, con frecuencia surgirán conflictos entre el desarrollo de una nueva identidad, de un nuevo yo o de un yo secreto, y el yo actual u otras partes de ti. Vamos a usar principalmente tres posiciones de la línea de tiempo.

R.: Chris, antes me comentaste algunos conflictos que tienes. ¿Quieres venir?

(Chris va y se sienta en una silla).

Chris, lo primero que quiero descubrir sobre ti es: ¿cuál es tu finalidad? ¿Qué objetivo tienes?

C.: Quiero ayudar a que la gente tenga éxito.

R.: O sea, que quieres ayudar a otras personas a tener éxito. Observamos aquí que esto está enfocado hacia los demás. Quiero que primero construyas la base para esta identidad, para esta nueva creencia. Es decir, tenemos que construir una muy buena representación del resultado. Si, por ejemplo, alguien está enfermo y desea curarse, tendremos que construir una representación de la salud, total y rica.

PASO I: REPRESENTACIÓN DEL RESULTADO

R.: Chris, esta es tu línea del tiempo. Quiero que te pongas en pie sobre la línea, pero en lugar de ir hacia el pasado como hicimos en la sección anterior, quiero que vayas al futuro y que construyas una representación, un momento y una situación en los que serías capaz de alcanzar totalmente tu objetivo. Por ejemplo, si alguien desea perder peso, caminaría sobre la línea hasta llegar a un punto del futuro donde diría: «Aquí es donde voy a tener el peso y la figura que deseo tener». De esa manera va a mirar al futuro y va a construir el recurso que le permitirá lograr el resultado deseado.

(A Chris:) Anda, ve a tu propio paso.

(Robert señala una dirección hacia el futuro de Chris).

Este es el nuevo YO que deseas desarrollar. Quiero que te dirijas hacia ese nuevo yo que es capaz de lograr todos esos recursos.

(Al auditorio:) Vamos, por supuesto, a observar su fisiología, su postura corporal, sus gestos y asimetrías.

(Chris camina lentamente sobre la línea, se pone derecho y se detiene. Su fisiología ha cambiado).

Mientras te experimentas a ti mismo aquí, quiero que visualices cómo sería eso, que escuches la voz que tendrías y desde dónde hablarías, que sientas tu postura, tu fisiología, tus movimientos..., así sabrás cómo va ser en el futuro.

(Robert pone su mano izquierda sobre el hombro de Chris, anclando esa fisiología).

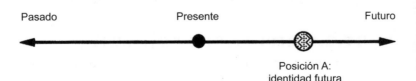

Figura 18. Crear una representación asociada del estado deseado

Paso 2: REPRESENTACIÓN DEL RESULTADO DESDE LA METAPOSICIÓN

R.: Retrocede en la línea del tiempo y regresa al presente. Y desde el presente, me gustaría que vieras a esa persona, a ese futuro TÚ.

(Robert lleva a Chris de regreso al presente y lo saca de la línea del tiempo a fin de ponerlo en la posición disociada B, sentado en la silla).

¿Puedes ver y escuchar a ese TÚ?

(Al auditorio:) Empezamos diciendo que esta es la creencia, la identidad que desea tener la persona. «Quiero ser capaz de ayudar a los demás para que tengan éxito».

(A Chris:) La siguiente pregunta es realmente simple: ¿qué te detiene? Este es tu futuro, este es el siguiente paso hacia tu misión.

(Al auditorio:) Pensad sobre esto de este modo: la gente dirá: «¡Este objetivo es maravilloso, es excelente!». Entonces volved al presente y decidle: «Ahí está, es tan maravilloso..., conséguelo, trata de alcanzarlo». Entonces lo que lográis es: «Bueno, mm...». Esta es la parte que deseamos descubrir ahora: ¿cuál es aquí el conflicto?

(A Chris:) Cuando miras hacia el futuro, ¿ves alguna voz, algún sentimiento? ¿Algo dentro de ti que muestre su desacuerdo, su oposición?

C.: Todo... (murmurando).

R.: (Robert dice en voz alta lo que Chris le ha murmurado) Él dice que es algo así como: si tienes éxito, distorsionas tu misión.

PASO 3: ENCONTRAR EL SISTEMA DE CREENCIAS EN CONFLICTO

R.: (A Chris:) Quiero descubrir la parte que tiene esa creencia. Y me gustaría que pusieras esa parte en el lugar de la línea del tiempo donde mejor encaje. ¿Está atrás, en el pasado? ¿Está cerca del presente? ¿En qué lugar de esa línea surge la creencia? Ponte en pie y encuentra físicamente dicho lugar.

(Chris se coloca en la línea y, mirando hacia el futuro, retrocede en su pasado, deteniéndose en el lugar donde se creó su creencia limitante. Chris camina lentamente sobre su línea del tiempo en profundo silencio. Sus manos están unidas en el pecho como si estuviera orando).

(Robert, al auditorio, hablando con un volumen de voz bajo al principio:) Por cierto, mientras él hace esto, observad dónde están los niveles de los conflictos. Es muy común que en el futuro alguien quiera una aptitud como: deseo ser capaz de ayudar a los demás a hacer esto. Pero con lo que entra en conflicto es con una creencia sobre su misión. Obviamente, si la motivación para desarrollar esta capacidad está en conflicto con mi misión, va a ser anulada. Si puedo acoplar esta aptitud dentro de mi misión, entonces se convierte en parte de mi identidad y deviene natural y cómoda. Lo mismo sucederá con quienes están intentando recuperarse de una enfermedad. Quiero estar bien, pero eso no se ajusta con mi identidad. Quiero estar bien, pero no puedo porque es un deseo egoísta. Aquí tenemos una creencia interesante: si tengo éxito en este nivel de aptitudes, fracasaré en mi misión. Este es un conflicto clásico.

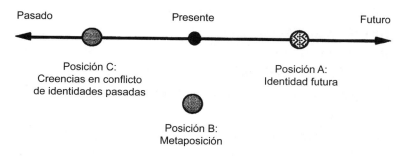

Figura 19. Localización de las creencias conflictivas

(A Chris:) ¿Has encontrado algo, Chris?

C.: Un momento.

R.: Un momento. ¿No algo realmente concreto?

(Robert pone la mano derecha en el hombro izquierdo de Chris, anclando ese sentimiento del pasado, y le muestra la dirección del futuro).

Desde este lugar dices «ese objetivo futuro está en conflicto con mi misión y la va a distorsionar».

C.: Una voz me dice: «Más te valdría preocuparte por ti mismo en lugar de hacerlo por otros».

R.: Esta parte dice: «Deberías preocuparte por ti en lugar de hacerlo por otros. Dedícate más a ti mismo y menos a los demás».

(Al auditorio:) Observad su fisiología en esta posición.

Es muy diferente de la fisiología asociada con el futuro.

PASO 4: IDENTIFICAR LOS CRITERIOS
DESDE LA METAPOSICIÓN

R.:   (A Chris:) Sal de ese lugar y vuelve a la metaposición actual.
      (Chris retrocede en la línea hasta su presente y sale de ella
      para estar disociado en la posición B. Toma asiento en su
      silla).

      Ahora visualiza esa parte de ti en tu pasado, para que pue-
      das ver a ese tú que dice: «No es bueno desear ayudar a los
      otros para que tengan éxito». Y desde donde estás, me
      gustaría que fueras capaz de no solo ver ese «tú del pasa-
      do» en tu línea del tiempo, sino también ese «tú del futu-
      ro» en aquel otro lugar de tu línea del tiempo. Desde
      donde estás, en esa silla, por el momento no eres ninguno
      de los dos. Aquí hay alguien del futuro que dice: «Quiero
      ayudar a que los otros tengan éxito», y hay uno en el pasa-
      do que dice: «No, es peligroso, piensa primero en ti».
      ¿Qué criterios sigue este de tu pasado? ¿Cuáles son sus
      valores? Y está bien si ahora no puedes decirlo con pala-
      bras, pero quiero estar seguro de que por el momento
      seguirás estando fuera de ambos.

PASO 5: ENCONTRAR INTENCIONES POSITIVAS

R.:   Lo que tenemos son dos identidades en conflicto, separa-
      das y colocadas en el lugar que les corresponde. Ahora
      queremos resolver los conflictos en el sistema de creen-
      cias. (Desde cada posición A, B, C, Chris hablará sobre las
      creencias y valores de cada identidad en A y C, y lo que
      piensa cada una de ellas de las otras. La posición B, diso-
      ciada, ayudará principalmente a explicar las conductas de
      A y C. Robert conducirá el proceso hacia la expresión de

las intenciones positivas. Llegará hasta el nivel de valores, hasta que ya no haya conflicto entre las partes).

DESDE LA POSICIÓN A

R.: Me gustaría que vinieras aquí, hasta tu futuro, para que seas tú mismo en tu futuro y pienses sobre ese tú allí en el pasado que obstaculiza tu futuro.

(Chris va hacia la posición A del futuro).

(Al auditorio:) Observad de nuevo la diferencia en la fisiología.

(A Chris:) ¿Qué piensas de esa parte de ti que está allí atrás? ¿Te agrada? ¿Es tonta? ¿Qué es? ¿Es peligrosa? ¿Qué piensas de ella?

C.: Está cometiendo un error. Está equivocada.

R.: ¿Por qué está cometiendo un error? ¿Por qué crees eso sobre ella?

C.: Pienso que tiene miedo, eso es todo.

R.: Entonces, cuando miras a aquella, esta parte de ti dice: «Aquella tiene miedo». Desde aquí tengo la impresión de que esta dice algo así como: «Bien, de hecho es casi insignificante. No es importante». ¿Es importante?

C.: No.

R.: (Al auditorio:) Me gustaría intentar algo más durante un momento. Cuando Chris se coloca en su futuro mirando hacia el futuro, ve esta parte de él como equivocada e insignificante. Pero ¿y si estuviera situado en su futuro mirando hacia el pasado?

(A Chris:) Quiero que mires esa parte de tu pasado desde esta perspectiva. Desde este lugar de tu futuro en el cual estás, date la vuelta y mira hacia tu pasado. ¿Qué opina ahora esta parte de ti en el futuro de la que está en aquel lugar de tu pasado?

(Al auditorio:) El cambio de fisiología es interesante, ¿no os parece?

C.: Pienso que soy capaz de ayudarlo.

R.: Así que desde aquí en tu futuro mirando hacia atrás, esta parte dice: «Soy capaz de ayudar a ese yo de mi pasado».

DESDE LA POSICIÓN C

R.: Salgamos de tu línea del tiempo un momento. Ahora retrocedamos a este tú aquí en el pasado y miremos a tu futuro tú.

(Chris regresa en la línea de tiempo hasta su silla, y luego a la posición C, en su pasado).

¿Qué piensas de ese tú que está en el futuro? ¿Te agrada? ¿Te atemoriza? ¿Por qué te atemoriza? ¿No lo sabes? ¿Qué piensas de él? ¿A qué le temes? ¿Qué sucedería si no tuvieras miedo?

C.: Cooperaría.

R.: ¿Qué sucedería entonces? ¿Que sucedería si cooperaras?

C.: No lo sé.

(Chris mira al suelo).

R.: (Al auditorio:) De nuevo, podéis ver la diferencia entre las dos fisiologías, especialmente en las claves de acceso entre las representaciones de las dos identidades: la pasada es cinestésica; la futura, visual. Por cierto, una cosa es tenerle miedo a una araña o a una serpiente. Cuando estás cerca de la araña, te sientes incómodo. Pero si te tienes temor a ti mismo no puedes escapar jamás, por muy anchos que construyas los muros o por muy alto que escales la montaña, nunca podrás escapar de lo que temes. Piensa profundamente, Chris, ¿Cuál es la creencia? ¿Qué perderías?

(Largo silencio, luego:)

C.: Tengo una profunda sensación de tristeza.

R.: Vuelve a la metaposición y déjalo todo atrás.

DESDE LA POSICIÓN B

(Chris regresa disociado a la posición B y toma asiento en su silla).

R.: Ahora este tú del futuro mira hacia atrás y dice: «Puedo ayudar a aquel; solo cometió un error». Este tú del pasado tiene miedo de aquel futuro tú. Realmente no está seguro de por qué tiene miedo. Al decir: «Qué sucedería si no cooperaras?», lo que surge es una profunda sensación de tristeza. ¿Por qué debería haber tristeza cuando piensas en cooperar? ¿De dónde surge generalmente la tristeza? ¿De una pérdida? Este tú dice: «Si hago eso, de algún modo perderé algo». No se si este es el caso de Chris, pero muchas veces ocurre. «Me rindo, me vendo a mí mismo. Tal vez fue un error pero soy yo». Una paradoja interesante que sucede con frecuencia es que a medida que envejecemos y somos más hábiles, desarrollamos todo tipo de nuevas aptitudes y conductas, pero generalmente nuestra identidad fue determinada en algún momento al inicio de nuestra niñez. Por eso, aunque tengas estas aptitudes, al usarlas sientes como si estuvieras siendo falso. «Ahora hago estas cosas, pero mi pasado es el YO real». «Ese niño asustado es mi verdadero yo». «Todas estas aptitudes actuales son una farsa. Puedo hacer los movimientos necesarios, pero no soy realmente yo, y si me transformara en un adulto estaría renunciando a ser yo». Algunos sienten que si realmente cambiaran, una parte de ellos moriría. Y, en cierto sentido, quizás esa vieja identidad moriría. Ese sentimiento puede ser realmente muy fuerte. Recuerdo a una persona que había sido etiquetada como esquizofrénica. Tendía a cambiar constantemente su estado de ánimo. Pasaba de estar deprimida y malhumorada a tener explosiones de violencia. Cuando llegamos hasta el núcleo del sistema que estaba creando sus problemas, vimos que tenía una creencia que era algo así como: «Si quiero ser como las demás personas, entonces me pierdo a mí misma. Desaparezco». Dado su sistema familiar, esa era una creencia necesaria para que pudiera desarrollar cualquier tipo de identidad. Pero observad la estructura subyacente de esa creencia: «No soy otra persona. Tengo que ser la polaridad de cualquier cosa que suceda a mi alrededor. Si los demás están felices, yo estoy triste. Si los demás están tranquilos, yo soy bulliciosa y hago ruido. Tengo que hacer lo opuesto a lo que hagan los demás o de lo contrario no existo». Esto era lo que guiaba la vida de aquella mujer. Por ese motivo siempre, en cualquier situación, actuaba inapropiadamente. Sentía que si no actuaba así, no existiría, moriría. Y el temor a ese sentimiento de no existir era mucho más fuerte que cualquier castigo que recibiera por actuar inapropiadamente. Observad que ella dijo: «Si quiero ser como alguien...», lo cual significaba que si alguien empezaba a gustarle y ella quería ser como él, entonces tampoco existiría. Si te empieza a gustar alguien, esa persona absorbería tu identidad, aun cuando solo desearas ser como ella, tanto si actuaras como ella como si no.

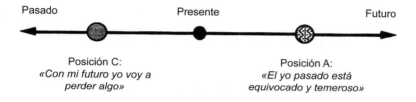

Figura 20. Identificación de las creencias limitantes

(A Chris, todavía sentado en la silla:) Menciono esto, Chris, porque pienso que para entender parte de este miedo y esta tristeza que están dirigidas hacia ti, es importante reconocer esos tipos de decisiones de identidad y de creencias de identidad. Desde aquí fuera y siguiendo disociado, me gustaría que miraras a esa vieja parte de ti que está triste y temerosa, tanto como a esa parte tuya del futuro que está llena de recursos y lista para ayudar, sin que te conviertas en ninguna de ellas. Míralas desde lejos, desde lo alto. Cuando miras a esta en el pasado, ¿entiendes algo de ella? ¿Qué entiendes acerca de su intención?

C.: Yo diría algo así como supervivencia: «Tienes que sobrevivir».

R.: (Al auditorio:) Esta teme por su supervivencia. Aquella, en el futuro, desea seguir adelante y ayudar a los demás. A menudo encontraréis que partes de las personas se oponen a su propia conducta: «No me gusta lo que aquella hace», «Esa me asusta», o «Me asusta lo que es capaz de hacer». Lo primero que tienes que hacer en cualquier

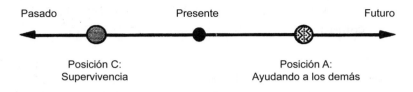

Figura 21. Identificación de los criterios de las partes en conflicto

negociación, ya sea entre dos personas de una compañía o entre dos partes de ti, es encontrar los valores a partir de los cuales ambas están funcionando. Los propósitos e intenciones son los que dirigen las actividades. Con frecuencia encontraréis que la gente no está en desacuerdo con las intenciones o valores de los demás, una vez que los conocen. De hecho, veríamos que en realidad tienen valores comunes. Así, debemos olvidarnos de juzgar la conducta de este, o lo que sabe, o lo que no sabe, y pasar al nivel de criterios y valores.

PASO 6: ENCONTRAR EL OBJETIVO COMÚN

DESDE LA POSICIÓN A

R.: (A Chris:) Ven aquí, a tu futuro, a la posición A. Quisiera que miraras a esa persona que está ahí en tu pasado. Aquella allí atrás está triste y temerosa de ti, y su finalidad es la supervivencia. ¿No quieres que sobreviva?

C.: Sí, lo quiero.

R.: Quieres que sobreviva. O sea, que tu propósito no es amenazar su supervivencia. ¿Cuál es tu propósito? ¿Cuál es tu intención? ¿Cuál es el valor que has elegido? ¿Cuál es tu misión?

C.: Tener éxito.

R.: (Al auditorio:) El criterio es tener éxito. ¿Cuál es el propósito de tener éxito? Pregunto esto porque quiero pasar a un criterio todavía más profundo. Observad que aquí, en A, tenemos acción, aptitud y actividad; y ahí, en B, tenemos supervivencia e identidad. Ya sea que os dediquéis a los negocios, a trabajar con la gente o a la familia, a menudo encontraréis este conflicto entre la parte que quiere ser creativa, hacer cosas nuevas y correr riesgos, y esta otra parte que tiene temor a perder su estabilidad y su identidad.

(A Chris:) ¿Cuál es la intención del éxito?

C.: Sentirse útil.

R.: E imagino que sería difícil sentirse útil si uno no sobrevive.

C: Sí.

R.: Ahora retrocede a esa parte de ti que está en tu pasado.

(Chris camina hasta la posición C).

Desde la posición C

R.: ¿Escuchas lo que dice el futuro? Dice: «No quiero amenazar tu supervivencia. Mi objetivo es sentirme útil, tener éxito, pero también sobrevivir». ¿Le crees? ¿O no confías en él?

C.: No veo cómo puede hacer eso.

R.: (Al auditorio:) Este literalmente dice: «No veo cómo». No me sorprende, por cierto, desde la posición ocular de Chris. Esta parte del pasado es muy cinestésica.

(A Chris:) Tu objetivo es sobrevivir. Eso no necesariamente está en conflicto con el éxito, ¿o sí? ¿Y con la utilidad? ¿Para qué sobrevivir si uno no puede ser útil y crecer y tener éxito y ser feliz al mismo tiempo? Además, para realmente sobrevivir a menudo es necesario hacer cosas nuevas. En otras palabras, lo que me ayuda a sobrevivir como niño es diferente de lo que me ayuda a hacerlo como adulto. Y si el criterio es realmente la supervivencia, la supervivencia involucra adaptarse a nuevas situaciones y construir nuevos recursos. No puedes sobrevivir si no desarrollas algo nuevo. Piensa sobre esto durante un momento; luego sal a la metaposición.

(Chris vuelve a su silla, se sienta y permanece perdido en sus pensamientos).

PASO 7: LOS RECURSOS QUE HAY QUE COMPARTIR

R.: (Al auditorio:) Hemos tomado este objetivo futuro y hemos elevado el nivel de los valores que lo apoyan. Este no es solo un objetivo de ahora; en realidad está relacionado con valores más profundos. El punto crucial del problema es: este tú futuro está ahí con todas sus aptitudes, pero sin una identidad profunda. Este tú pasado tiene sentimientos muy profundos, pero sin aptitudes. Esto es algo muy común en nuestras vidas. Una persona joven es capaz de tener sentimientos muy profundos y de tomar decisiones profundas, pero no siempre tiene las aptitudes necesarias. Por eso dice: «Necesito ver cómo».

(A Chris:) Así que esto es lo que vamos a hacer: quisiera que miraras a cada una de ambas partes desde la posición disociada aquí en el presente y que observases los recursos que tiene cada una de ellas desde aquí fuera. ¿Qué recursos tiene ese tú del futuro que no tenga aquel?

C.: El conocimiento, el modo de hacer el *know-how*.*

R.: Ahora, la otra pregunta importante: ¿qué tiene aquel del pasado que no tenga este y que necesite?

C.: (Murmullos).

R.: Él dice: «¿Agallas?». Eso es importante. Esta ha sido considerada como si tuviera siempre miedo. Pero tiene agallas. Quiero decir que está dispuesta a defender lo que cree, independientemente de lo que otros digan. Piensa en el tipo de esfuerzo y de compromiso que se necesita para adelgazar, para dejar de fumar o para empezar un nuevo negocio. Además de visión y *know-how* se necesitan energía y agallas.

PASO 8: INTEGRACIÓN DE LA NUEVA IDENTIDAD

R.: Esto es lo que me gustaría hacer. Puedes ver desde aquí que ambos realmente se necesitan. Puedes ver que no hay conflicto entre sus propósitos. Ambos quieren sobrevivir y ambos quieren una vida mejor.

Transferencia de recursos de C a A

R.: Ve hasta ese tú del pasado; quiero que te introduzcas hasta el fondo en ese sentimiento, en esa profundidad, en ese valor y esa energía. (Robert toca el ancla asociada con la identidad pasada). Me gustaría que caminaras lentamente hacia este tú futuro, lleva ese sentimiento contigo. Así, finalmente trasladas esos sentimientos a la fisiología del

---

* N. del T.: El término inglés *know-how* significa 'saber cómo o saber hacer'; con el uso de esta expresión se indica que una persona conoce cómo hacer las cosas por haberlas hecho previamente, es decir, a través de la experiencia que proporciona la habilidad o capacidad para hacer algo.

futuro tú. Vas a llevar este recurso del pasado... hasta este. Asegúrate de que sigues todo el camino hasta llegar a ese tú futuro. (La fisiología de Chris cambia a medida que camina sobre su línea del tiempo, terminando con su situación fisiológica futura, aunque ahora ha cambiado al incorporar cierta fisiología del joven Chris).

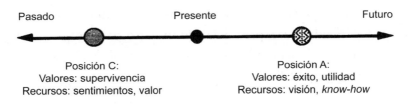

Figura 22. Valores núcleo y recursos de las partes en conflicto

Transferencia de A a C

R.: Ahora me gustaría tomar esa visión del tú futuro y ese *know-how* y llevarlos a tu anterior tú, manteniendo ese *know-how* y esa aptitud para ayudar a otros, pero llevándola también a tu otro yo más joven, para que también él tenga éxito. (Robert toca el ancla asociada con el estado futuro). Lleva esas habilidades al tú pasado e introdúcete totalmente de nuevo en él. (Chris camina de la posición futura a la posición pasada con más emoción. Su fisiología se hace como la de su yo más joven, pero con partes de su futura situación fisiológica). De vuelta aquí, en tu pasado, puedes ver ahora «cómo» esos recursos se han unido. Por lo que ambas maneras de pensar estarán completamente integradas.

(Al auditorio:) Como podéis ver, su fisiología está empezando a cambiar de un modo muy espectacular.

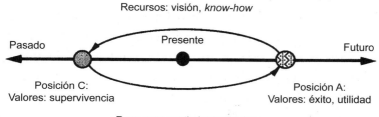

Figura 23. Transferencia de recursos entre las partes en conflicto

De vuelta a B

PASO 9: INTEGRACIÓN DE LOS SISTEMAS DE CREENCIAS PASADOS Y FUTUROS

R.:   Ahora vamos a retroceder a la metaposición y a asegurarnos de que ya no hay desacuerdo. Como si estuviéramos llevando de la mano a cada una de ambas partes, podemos ayudarlas a que se acerquen y se fundan así en una nueva identidad, en tu presente de la línea del tiempo. Mientras miras a ambas desde la metaposición, me gustaría que vieras a la que se encontraba más alejada y que observes cómo se van acercando. De hecho, quisiera que te imaginaras que estás tomando a ambas en tus manos, ayudándolas a unirse.

PASO 10: INTEGRACIÓN TOTAL

R.: Dentro de un momento, cuando estés listo, quiero que tomes esta imagen completa, la imagen completa que tienes aquí en tu presente y que representa la integración de ambas partes de tu identidad. Quiero que tomes esta posición y que con esta profundidad, este valor, esta visión y este conocimiento, entres a este tú integrado en el presente. Luego camina hacia el futuro. Tienes el pasado, tienes el presente y tienes el futuro.

(Con los ojos cerrados, Chris camina hacia su estado futuro, vacila ligeramente pero con rapidez recupera el equilibrio y luego camina con confianza hacia el estado futuro).

Está bien; a veces en el camino uno tropieza con algo, pero... ¡el futuro es tuyo!

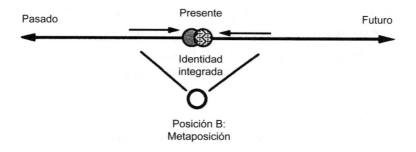

Figura 24. Integración de las partes en conflicto

COMENTARIOS

Pienso que el mismo tipo de conflicto dinámico puede suceder en una familia, o en situaciones administrativas. Cuanto más le diga el padre al hijo: «Adelante, eres capaz de hacerlo, no seas tonto, no tengas miedo, no seas débil, has cometido un error, haces mal en tener miedo», más tendrá el hijo que demostrar que no se está equivocando al tener miedo.

En otras palabras, cuanto menos comprendido sea el hijo, más tendrá que aferrarse a esta creencia para mantener su identidad. Por supuesto, cuanto más se aferra el hijo, más lo presiona el padre. Este crea un contexto en el que, para que el hijo tenga éxito en su tarea, tiene que perder en la relación, por lo que cada uno fuerza al otro a separarse más, sin darse cuenta de ello.

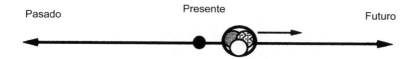

Figura 25. El futuro conduciendo a la nueva «molécula» de identidad

Pero si pueden saltar a un nivel de valores compartidos, serán capaces de descubrir cuáles son en la relación las creencias de cada uno de ellos sobre el otro. Entonces tendrán una nueva conciencia a partir de la cual podrán encontrar una solución.

En el caso de Chris, una parte de él pensaba que la otra parte cometía un error y que era un poco débil y también temerosa. Pero esa parte fue capaz de darse cuenta de que el joven yo no cometía ningún error en cuanto a identidad. Y de hecho la fuerza que usó para aferrarse a esa identidad durante tantos años es exactamente el tipo de fuerza que su futuro yo necesita para ser capaz de hacer lo que quiere hacer. Esa parte estaba allí pensando que lo tenía todo, pero no se daba cuenta del valor que se necesita para llevarlo a cabo.

Desde la metaposición tenemos esta nueva perspectiva donde ambas partes pueden ver que comparten los mismos valores. No son diferentes YOs, no son identidades distintas. Desde aquí fuera, pueden ver que están realmente unidas, que a este nivel de identidad son en realidad lo mismo. Ellas son yo; todo eso soy yo.

Desde la metaposición podemos ver que esta persona más joven tiene recursos que la otra podría usar y aprender de ellos; y la vieja tiene recursos que esta joven podría usar y aprender de ellos. La solución no es que el viejo diga: «No seas tonto, estás cometiendo un error, no me hagas a un lado», sino: «Tienes algo que necesito, yo nunca querría dejarte atrás».

A veces los miembros de un sistema que desean tener éxito piensan: «Si tengo algún sentimiento de tristeza o de miedo, fracasaré». No se dan cuenta de que esos sentimientos son lo que le da profundidad a su éxito. Muchos dicen: «Éxito, éxito, éxito...», ignorando el otro lado más importante de la vida, la profundidad de la existencia. El hecho de sentirse triste, incluso de sentirse débil, añade profundidad. La profundidad del temor da profundidad al éxito. Conozco exactamente a lo que me estoy enfrentando, puedo sentir el miedo y la tristeza y seguir adelante de todas maneras.

Algunos que hacen PNL tratan de ignorar la tristeza o el miedo, diciendo: «Da la vuelta, enfócate en el resultado y olvídate del miedo. ¡Logra tu objetivo!».

Pero la verdadera profundidad tiene todo eso. Abarca todo lo que la vida es. Y si no puedes sentir debilidad en ti, si no puedes relacionarte con su sentimiento de temor, con su sentimiento de tristeza, ¿cómo podrás ayudar a que otros tengan éxito?

Como dijo Don Juan a Carlos Castaneda: «Ser guerrero es ser capaz de afrontar tanto el terror como la maravilla de ser humano».

PASOS DEL PROCESO

Vamos a repasar los pasos del proceso:

1. Me coloco en mi línea del tiempo. Tomo la creencia o identidad que deseo desarrollar para el futuro y hago más profundo el suelo base para que esa identidad crezca, haciendo una representación asociada de cómo sería. Esto constituye una forma muy poderosa de marcar el paso futuro.

2. Luego salgo del estado futuro y encuentro la creencia o identidad limitante preguntándome: «¿Qué me detiene? Esto es maravilloso, es un gran logro. Entonces, ¿que me detiene?». Quizás es un sentimiento, palabras o algún otro tipo de atolladero.

3. Encuentro el lugar en la línea del tiempo donde se encuentra esa creencia limitante. Establezco esa posición asociándome con ella.

4. Luego me coloco en una tercera posición donde no soy ninguna de las anteriores y desde donde puedo verlas a ambas. Desde esa posición, calibro la fisiología de ambas identidades. Lo que quiero es lograr una perspectiva desde una tercera posición, desde donde pueda ver a ambas.

5. Luego entro en esa posición, mirando a la otra para descubrir y sacar las creencias. ¿Qué piensa este lado de aquel? ¿Qué cree este lado de aquel otro? Después vuelvo a la tercera posición. Ahora me doy cuenta de que estas creencias pueden no ser exactas.

6. Quiero descubrir la intención existente detrás de cada una de las partes y seguir descubriendo valores cada vez más profundos hasta que halle el sitio donde ambas se unen, donde ninguna de ellas está en conflicto con la otra. Esta dice: «Mi intención no es amenazarte, es cambiar, crecer, tener éxito». La otra responde: «Mi intención no es reprimirte, es sobrevivir». Con respecto a la intención, no existe realmente conflicto.

7. Desde la tercera posición exploro los valores, los criterios, las intenciones. Y desde esa tercera posición pregunto: «¿Cuáles son los recursos que cada una de ellas tiene y que para la otra son necesarios?». De modo que después de haber explorado a ambas y de haber entrado en ellas unas cuantas veces, puedo percibir lo valiosas que son cada una de ellas. A veces la gente piensa que un lado es una parte mala de ellos mismos: «Siempre me está castigando o reprimiendo». Pero pronto comienzas a darte cuenta de que ese lado que parece ser negativo a menudo tiene una buena intención. Su conducta puede no ser la mejor para satisfacer la intención, pero esa intención es necesaria. El lado negativo puede tener también mucho poder. Hay una paradoja graciosa. La gente suele decir: «Esta es la parte débil». Sin embargo, con frecuencia hay mucha fuerza en esa debilidad porque es capaz de evitar que ellos hagan cualquier cosa. Esa debilidad es poder. Y si ese poder está alineado contigo en lugar de estar contra ti, nada podrá detenerte.

8. Ahora quiero llevar el recurso de una parte a la otra. Generalmente empiezo en el lado que hace objeciones. Desde la tercera posición tomo la visión y la creencia de que están trabajando realmente juntas, que comparten una

identidad y una intención, y las llevo a la parte de la identidad que hace objeciones. Entonces tomo los recursos de esa parte y los integro en la fisiología de la otra posición. Esta es una experiencia muy interesante. Luego tomo los recursos de la otra parte, sus aptitudes, y hago lo mismo: los llevo a la primera parte.

9. Ahora que ambas comparten lo que cada una de ellas tiene, finalmente voy a la tercera posición y las uno para formar una nueva imagen, una nueva identidad. A continuación pongo a esta en el presente de mi línea del tiempo, no solo viéndola desde el exterior, sino asociándome con ella. Entonces retrocedo al futuro.

ANCLAJE

Para facilitar el proceso de integración podéis usar anclas. Anclad el estado futuro A y anclad el estado pasado C. En el caso de Chris, las puse en un hombro diferente, y luego mantuve el ancla apropiada para que ayudase a llevar recursos desde una posición a la otra.

COMENTARIOS

Llevar recursos adelante y atrás es con frecuencia una experiencia muy interesante.

Generalmente encuentro que el mayor temor que ambas partes tienen una con respecto a la otra es: «El problema es que ella no soy yo, no tiene lo que yo tengo».

Y esta dice: «La razón por la que tengo temor de aquella es que no piensa como yo pienso».

En otras palabras, esta dice: «Temo cooperar con la otra porque no veo ninguna parte de mí en ella. Me perderé a mí misma y a mis necesidades porque la otra parte no las comparte. Por ello tengo que luchar por mí». Una parte de Chris decía: «Si reconozco a la otra tal vez me voy a perder en su profundidad, en su tristeza y su miedo». ¡Pero esta poseía los recursos y las aptitudes de la otra, por lo que no habría ningún problema!

Es como los padres que tienen miedo de que su hijo salga de su ciudad, hasta que ven algo de ellos mismos en el niño. Solo que entonces, en lugar de enseñarle y transmitirle sus aptitudes, lo critican y lo castigan por no tenerlas, lo cual hace que la separación se haga todavía mayor.

Así, al equilibrar y compartir sus recursos se crea una nueva confianza entre ellos: «Ahora puedo confiar en ti, porque sé que piensas como yo», «Ahora puedo confiar en ti, porque sé que compartes mis valores».

En cierto sentido esto es la confianza: «Saber que me consideras y que piensas como yo, por lo que tengo confianza en que no me olvidarás». Solo es posible amar al prójimo como a nosotros mismos después de que hemos compartido todo con él y después de que nos hemos puesto totalmente en su lugar.

EJERCICIO RESUMEN

Los conflictos entre los sistemas de creencias se presentan cuando dos creencias o más ya existentes llevan a comportamientos que son contradictorios entre sí. Este tipo de situación generalmente origina un «doble problema» (situación en la cual uno se perjudica si lo hace y también si no lo hace). Los conflictos más problemáticos son los que tienen lugar cuando las creencias opuestas incluyen componentes de identidad en los que existe una valoración negativa acerca de uno mismo. Casi siempre este tipo de conflicto lo encontramos en la raíz de un problema relacionado con desconfianza, odio, miedos, etc., y todo ello acerca de uno mismo.

1. Identifica las creencias conflictivas o los problemas de identidad que tiene tu compañero. Hazlo situarse en la posición de su línea del tiempo más representativa del momento en que se formó esa creencia o esa identidad. Los tipos más frecuentes de conflictos son los que enfrentan la lógica a las emociones, lo racional a lo intuitivo, las creencias de la infancia a las de la edad adulta, el pasado al futuro, etc. Calibra la fisiología de cada una de las identidades en conflicto. Pon especial atención a las asimetrías de gestos y movimientos.

2. Haz que el sujeto establezca una metaposición en un lugar fuera de la línea del tiempo y disociado de ambas creencias e identidades.

3. Haz que se sitúe en cada una de las posiciones y pídele a cada una de las partes que mire a la otra y que describa lo que piensa de ella. En esta etapa lo usual es que las diferentes partes (identidades) desconfíen una de la otra y sientan un recíproco rechazo.

4. Halla la intención positiva y el propósito de cada una de las partes. Asegúrate de que cada una de ellas reconozca y acepte el intento positivo de la otra. Desde la metaposición, halla la misión común que en realidad ambas comparten.

5. Haz que cada una de las partes mire a la otra de nuevo y que ahora describa los recursos que la otra tiene y que serían útiles para llevar a cabo su propia intención positiva y la misión común.

   a. Logra un acuerdo congruente entre las partes para combinar sus recursos a fin de que las dos puedan cumplir mejor sus propósitos y su misión común. Por lo general, la razón de la desconfianza y del disgusto anterior era precisamente porque la otra parte no poseía esos recursos y, en consecuencia, parecía extraña y sin control.

   b. Vigila en esta etapa si no hay otras creencias limitantes que, sin manifestarse previamente, necesiten ser refinadas y puestas al día. Por ejemplo: «No es posible ser responsable y, al mismo tiempo, disfrutar».

6. Pídele a tu compañero que vaya a cada una de las partes (comenzando por la más temprana en el tiempo); céntrate en los especiales recursos de esa parte y poco a poco haz que camine sobre la línea del tiempo llevando consigo dichos recursos hasta llegar a la ubicación de la otra parte (para que ahora cada parte tenga también los recursos de la otra). Integra simétricamente las dos psicologías que acompañan a ambas identidades separadas.

7. Haz que se sitúe en la metaposición y que visualice cómo las dos partes se reúnen y forman una sola identidad en el presente. Haz que se meta en esa identidad integrada y que camine hacia el futuro.

   (NOTA: Algunas veces el conflicto puede darse entre más de dos identidades. En estos casos habrá que extender esta técnica incluyendo en ella a las tres, o bien integrarlas de dos en dos).

COMENTARIOS POSTERIORES AL EJERCICIO

Los comentarios suelen estar basados en lo que observo en el grupo. Creo que es importante saber que algunas veces los conflictos más importantes no necesariamente se dan entre el futuro y el pasado.

Por ejemplo, algunas veces la persona se ve impedida para ir al futuro a causa de un sentimiento de culpabilidad del pasado. Si pensamos qué es la culpa, veremos que se trata de una recriminación a nosotros mismos. Hace falta una parte que es la que recrimina y otra que es la recriminada. Así, lo que nos impide ir hacia el futuro no necesariamente es una objeción del pasado al futuro. Puede también ser una impronta de un pasado en el que te separaste en dos partes, que desde entonces están allí en conflicto.

Primero dices: «Estoy intentando lograr ese objetivo futuro, pero esa cosa del pasado me detiene». Y luego, cuando vamos allí atrás, encontramos que lo que nos retiene es un conflicto pasado. Así, la integración entre esas dos partes hay que hacerla en el pasado.

Hay ciertos tipos de creencias y de sentimientos que nos pueden dar una pista en este sentido: la culpabilidad es uno de ellos; la falta de confianza en uno mismo puede ser otro.

Pero lo que quiero resaltar es lo siguiente: haced la integración donde en realidad esté el conflicto.

RELACIÓN ENTRE VALORES Y CREENCIAS

P.:   *¿Qué relación existe entre los valores y las creencias?*

Los valores encajan con las creencias. Pero el valor no es la totalidad de la creencia. Las creencias tienden a tener la estructura que se muestra en la figura 26.

Así, una causa genera un efecto. Luego, ese efecto se convierte en evidencia de cierto valor o criterio. El valor puede ser el éxito o puede ser la supervivencia: «Si hago esto seré eficaz con la otra gente».

Luego está mi equivalencia de criterios, la evidencia: «¿Cómo sé que soy una persona exitosa o útil? ¿Cómo sé que estoy sobreviviendo, que voy a sobrevivir o que soy efectivo?».

Por supuesto, lo que con frecuencia ocurrirá es que tendré dos criterios o valores basados en la misma evidencia.

Por ejemplo, esto significa que tengo éxito, pero también que mi supervivencia está amenazada. Así, la evidencia se vuelve confusa, pues señala a los dos. Por eso utilizamos estas técnicas, para despejar dicha confusión.

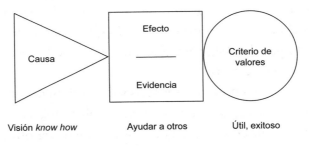

Figura 26. Estructura de una creencia

Los valores son más abstractos que las evidencias de que ese valor se ha logrado: «Si tengo cierta cantidad de dinero, soy una persona de éxito», o «Si mis empleados me aprecian es que soy un líder exitoso».

Las equivalencias de criterios tienden a estar más basadas en los sentidos que los criterios de valor. La creencia en realidad es la definición de dicha relación.

La creencia no es ni la causa, ni la evidencia, ni el valor. Es una definición de la relación existente entre ellos.

Así, cuando estoy trabajando con una creencia, esta puede cambiar ya sea porque señalo que esa causa puede generar un resultado negativo o porque surgen nuevas evidencias que cambian el significado del valor. Imaginemos que alguien tiene la creencia de que «el castigo genera motivación», es decir, que para que alguien cambie hay que castigarlo. Podrá llegar a darse cuenta de que el castigo genera también otras cosas que actúan desincentivando a la persona; o podrá redefinir la evidencia para la motivación o el cambio a fin de que esté basada en sentimientos internos al igual que en reacciones externas, y de este modo se reajusta la totalidad de la relación.

P.:   *¿Y si la persona considera esa situación futura como algo imposible?*

Cuando una parte dice: «Todo es posible», generalmente encontraréis automáticamente a otra parte que asegurará: «Nada es posible». Cuanto más diga esta: «Nada es posible», más se separará la otra, señalando: «Todo es posible».

La finalidad del proceso de integración de creencias es el mismo para ambas. Lo que debemos averiguar es la intención de cada una de ellas. Si puedo llevar la visión de este soñador a este crítico y la sensibilidad de este crítico a este soñador, podré crear algo realista. Entonces diré: «Bien, ese sueño es algo necesario. Pero debe ser integrado a fin de que pueda realizarlo de un modo real y total». Una casa dividida contra sí misma no se mantiene en pie.

Si me dedico a averiguar si eso forma parte de mí o no, tan solo aumentará el conflicto. Hace cincuenta o sesenta años se pensaba que era imposible llegar a la luna. Fue necesario mucho realismo y mucho compromiso y dedicación para hacer realidad un sueño tan grande.

P: *En un trabajo de* gestalt *que hicimos sobre la polaridad, experimentamos la emoción de la oposición existente entre las dos partes. Para realizar esta técnica, ¿debemos evitar esas emociones al ir a una metaposición?*

Por supuesto que no. En el caso de Chris no lo hemos hecho. La idea es que el conflicto no crea la metaposición. La verdadera metaposición es creada por la comprensión de la positiva intención de las partes que intervienen en el conflicto.

Las emociones dependen de la intención, de la identidad y de los valores de la persona. La diferencia entre lo que hacemos nosotros y lo que hizo Fritz Perls está concretamente en el trabajo con la metaposición. Creamos una metaposición. No utilizamos simplemente dos sillas, porque tenemos que salirnos totalmente de eso. Y en lugar de trabajar solo con las emociones, saltamos a otros niveles y usamos todos los sentidos. La solución viene de crear un contexto exterior al conflicto.

La emoción es importante, pues me convence de que la persona está realmente asociada a esa posición. Si yo le digo: «Ve a ese estado angustioso», y ella va y se ubica en él y exclama: «¡Muy bien!», pero no se presentan cambios significativos en su fisiología, no vamos a conseguir nada. Lo que quiero es verla siendo eso, lo cual significa que habrá cambios en la fisiología, emociones y todo lo demás.

Las emociones son una función de las relaciones. Nos hablan de una relación concreta. Las mismas dos partes que crean culpabilidad cuando están oponiéndose una a la otra producen paz cuando ambas se apoyan. No es que la culpa y la paz sean cosas diferentes. La emoción es una energía dirigida por las relaciones existentes entre partes de nosotros mismos.

Si tomo la ira, antes enviada hacia mí mismo, y la dirijo hacia una visión, se convierte en compromiso. La ira no es algo que podamos poner en una caja y decir: «Esto es ira..., esto es emoción». Todo depende del modo en que esos sentimientos internos son canalizados. Cuando reacomodamos el modo en que funcionan conjuntamente, el resultado es algo diferente.

El miedo se convierte en fuerza. La energía es la misma. Todo depende del modo en que es dirigida.

Por ello quiero que la gente vuelva a esas emociones, pero también quiero que sepan que las voy a reunir; así, en lugar de drenar la energía de las demás se apoyarán unas a otras. De nuevo, la relación es lo que determina la cualidad del sentimiento.

Fritz Perls fue muy brillante, pero le faltaron algunas estructuras para saber cómo concluir el asunto. Richard Bandler afirmó una vez: «El asunto está concluido. La cuestión ahora es saber si se ha concluido del modo en que tú querías o no».

Podemos concluirlo pobremente o podemos concluirlo adecuadamente. ¿Qué debe ocurrir para que lo terminemos de forma adecuada? Aquí es donde creo que debéis volver la vista hacia las relaciones a fin de aportar recursos.

No sé si Perls hizo alguna vez que unas partes del individuo aportaran recursos a otras. En sus obras no habla explícitamente de ello. Y yo creo que esto es algo muy importante para la solución, pues ambas partes comparten sus experiencias. Tus emociones son importantes, pero también lo es todo lo demás.

P.: *Tengo la impresión de que la parte del pasado trata de proteger a la persona.*

Con frecuencia las decisiones de identidad se realizan siendo niño. Y deben ser actualizadas a medida que uno madura

Lo que sucede con frecuencia es que, en nuestras vidas, pasamos por ciertas etapas de transición. Esas transiciones, aunque sean positivas, crean una especie de crisis de identidad. Ser padre por primera vez genera una transición que es una crisis de identidad. También cambiar de empleo. En estas transiciones la identidad debe ser reevaluada e integrada.

Con frecuencia, especialmente si la transición es muy rápida, no hay tiempo suficiente para que la antigua identidad y la nueva se reúnan.

Este era el propósito de muchos «ritos de transición» existentes en las culturas tradicionales. Esos ritos fueron incorporados a la cultura con el propósito de que integraran la identidad entre una fase y la siguiente.

Las culturas modernas han olvidado muchas cuestiones importantes. Algunas veces, incluso creamos nuestra nueva identidad tratando de desprendernos de la vieja: «Ya no quiero ser eso más; por eso, desde ahora voy a hacer todo lo opuesto a ese antiguo yo». Así, durante cierto tiempo, el desarrollo de la nueva identidad está basado en alejarse de la vieja identidad u oponerse a ella.

Dicha estrategia puede ser de utilidad, pero en cierto punto la vieja identidad deberá ser integrada. Probablemente hallaréis que las partes más tempranas están más relacionadas con la identidad. En las partes posteriores puede haber creencias nuevas y también nuevas aptitudes que han sido desarrolladas al ir evolucionando. Por ello, la identidad temprana generalmente parece adoptar una actitud de protección.

P.: *Has hablado acerca de cómo al cambiar la creencia, cambia luego la conducta. La fase más crítica es cuando la creencia y el comportamiento o conducta están todo lo lejos que pueden estar uno del otro. Algunas veces me he dicho a mí mismo y también a otros que en ese estado es muy posible que se presenten enfermedades. ¿Cómo podemos ayudar a que alguien salga de esa fase?*

Este es el valor de lo que hemos hecho en este ejercicio.

Al ir hacia el futuro necesito saber que mi comportamiento no siempre va a acoplarse inmediatamente a la nueva creencia. En ese punto crítico es donde realmente necesito toda la fuerza y el apoyo del pasado, pues estoy tratando de convertirme a mí mismo en esa persona nueva, pero esa parte mía del pasado no cree que eso «sea posible». Luego, cuando voy a ese punto en el que las creencias no coinciden con el comportamiento, esa parte del pasado tira de mí con fuerza hacia atrás. Sin embargo, si están alineadas, nos suministrarán el apoyo y la energía necesarios para lograr la masa crítica que desencadenará la integración.

Por ese motivo, cuando marco el paso al futuro, me aseguro siempre de que la persona sepa que no necesariamente va a ser todo un camino de rosas.

Creo que mostrándole a la gente esa relación entre creencias y actos, muchas veces la ayudamos a anticipar el natural ciclo de cambio, y así perciben los sucesos que ocurren alrededor de ese punto crítico como retroalimentación y no como fracasos.

Otra estrategia es irse al futuro más allá del objetivo que la persona tenga ahora. Así, estarás mucho más adelante, observando hacia atrás los potenciales problemas y cómo los solucionaste. Al mirar desde esa mucho más distante perspectiva futura, posiblemente veamos algunos modos de superar ese punto crítico.

CAPÍTULO V

SISTEMA DE CREENCIAS Y RELACIONES

Probablemente la manera más efectiva de superar el punto crítico sea disponer de un sistema de apoyo. No solo queremos desarrollar los comportamientos y las aptitudes necesarios para apoyar la creencia, sino también un sistema de apoyo en el entorno.

Una de las cosas que me gustaría invitaros a hacer a cada uno de vosotros es, al pensar en las nuevas creencias y la nueva identidad que estáis estableciendo para vosotros, que penséis durante un momento en el lugar y la gente a los que podéis recurrir a fin de lograr apoyo para esa creencia.

Tal vez haya un lugar especial al que vas para estar contigo mismo y reafirmarte. Si no tienes ya un lugar de ese tipo, planea uno, imagina dónde lo ubicarías. Crea uno.

Piensa también en la gente que más apoyaría esos cambios. Asegúrate de disponer de una retroalimentación y de un refuerzo confiables. El cambio no siempre debe descansar totalmente sobre tus hombros. Hay muchas personas que estarían dispuestas a ayudarte a cambiar y a apoyarte.

Debemos también tener en cuenta que habrá otros que no apoyarán nuestro cambio, tal vez porque se sientan amenazados por él. Debemos buscar la manera de lidiar con esto. No creo que la gente que no me apoya sea mala. Creo que sus intenciones son positivas, pero la cuestión es cómo convertir esas intenciones en un comportamiento de apoyo.

Quiero presentaros una última demostración sobre el tema de transformar las relaciones que no nos apoyan.

Me gustaría que pensarais en alguien con quien creéis que vais a tener problemas de comunicación relacionados con vuestro deseado cambio de creencias. Pensad en alguien con quien os cuesta trabajo llevaros bien. ¿Alguno de vosotros tiene una persona así?

¿Por qué no vienes hasta aquí, Bárbara?

(Bárbara sube).

EL METAESPEJO

PASO 1: NOMBRAR EL COMPORTAMIENTO DE LOS DEMÁS

R.: Imagínate que esa persona está aquí, frente a ti. Dale un nombre a ese comportamiento suyo que te hace difícil estar a su lado. ¿Qué es lo que hace? ¿Cómo lo llamarás? ¿Cómo actúa? ¿Es insensible? ¿Es rígida?

B.: Indiferente.

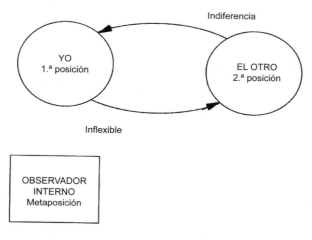

Figura 27. Diagrama de una relación falta de apoyo

Paso 2: nombrar tu propia conducta

R.: Ahora, ven físicamente a la metaposición y observa tu reacción hacia esa persona cuando ella es indiferente. ¿Cómo llamarías a tu propio comportamiento?

B.: Rigidez, quizás. Tal vez inflexibilidad sea más adecuado.

R.: Así, tenemos indiferencia en él e inflexibilidad en ti. Quisiera que consideraras esto: ¿podría él seguir siendo indiferente si tú no fueras inflexible? ¿Podría él seguir siendo indiferente si tú fueras otra cosa distinta a inflexible? El asunto es: en todo sistema humano lo que tú haces determina cómo los demás actuarán, del mismo modo que lo que ellos hacen determina tus propios actos. ¿Es esa persona indiferente a tu comportamiento o a tu identidad?

B.: A mi identidad.

R.: Y ¿a qué eres tú inflexible?

B.: A lo que para mí es importante en la relación.

R.: ¿Tus valores?

B.: Sí.

R.: (Al auditorio:) Quiero que os deis cuenta de que las personas que más nos hacen sufrir son aquellas a quienes les permitimos que afecten nuestra identidad. En cierta ocasión modelé una estrategia para alguien cuyo trabajo en su empresa era recibir a los clientes y capear sus quejas. Cada vez que recibía una queja comenzaba en el nivel del cual se quejaban y luego los iba dirigiendo a un nivel de comportamiento concreto. Unas veces la gente critica nuestra identidad diciendo cosas como: «Ha sido culpa tuya». Si la aceptas a nivel de identidad pensando que hay en ti algo incorrecto, tendrá un efecto emocional sobre ti. Y te quemarás rápidamente. Esta persona, sin embargo, respondía: «Siento mucho que esté usted disgustado. ¿Me puede decir exactamente qué es lo que ha ocurrido?». Así, dirige la crítica de él al problema. De hecho, se comportaba con la persona que presentaba la queja justo como lo haría un practicante de artes marciales. Utilizaba su fisiología y sus gestos para dirigir las palabras y las imágenes a un lugar concreto lejos de su cuerpo. De este modo se centraban en «el problema», no en él mismo. Finalmente las llevaba a su izquierda, a la ubicación de los recuerdos, y generaba una retroalimentación, como algo opuesto al fracaso. Las quejas no le afectaban al nivel de identidad. Él sabía que su identidad estaba bien, independientemente de cuál fuera la reacción del cliente. No negaba ni peleaba contra las críticas, sino que las dirigía al lugar donde iban a hacer más bien.

(A Bárbara:) ¿No estás dándole demasiado de ti misma a esa persona?

B.: Sí.

R.: Y tu rigidez sobre los valores no lo ha hecho menos indiferente hacia ti.

B.: No, porque me quedé atrapada en su sistema. Y ahí sigo, atrapada. Sin poder salir.

PASO 3: LA RELACIÓN ENTRE MIS DOS YOS

R.: Ahora quiero que físicamente te vengas a una cuarta posición, aquí. Cuando miras cómo tu metaposición interna intenta cambiar tu yo de la primera posición exterior y el modo en el que te comunicas con esa persona, ¿cómo es esa relación? (Robert señala los puntos 1 y 3 sucesivamente).

B.: ¿Entre yo y yo?

R.: Sí. Lo que queremos es explorar esta pregunta: «¿Cómo me relaciono conmigo misma con referencia a esta otra persona?».

B.: Mi yo interno cree que nada de lo que haga mi yo externo tendrá el más mínimo efecto sobre esa otra persona.

R.: En cierto modo, te estás haciendo a ti misma lo mismo que él te hace. Tu yo interior también parece totalmente indiferente a tu yo que está atrapado en la dinámica de esta relación. A este proceso lo llamo el metaespejo, porque con frecuencia el modo en que la otra persona te trata no es más que un reflejo de como tú misma te tratas. El problema no es solo la otra persona, ni siquiera cómo reacciono ante ella; el problema está también aquí, en el sistema entre mis dos yos. Esta es una parte importante de cómo funciona todo el sistema. ¿Cómo reacciona tu yo externo ante esa indiferencia interior?

B.: Está muy tenso. Tiene miedo de perder su identidad.

R. No es de extrañar que el yo exterior sea rígido. Está atrapado entre una roca y el muro. Creo que sería interesante cambiar la ubicación de ambas posiciones (el yo interno y el externo).

Por ejemplo, ¿qué pasaría si sustituimos el lugar de la primera posición exterior por la metaposición interna a fin de que fueras indiferente a la otra persona e inflexible contigo misma sobre los valores? Tal vez cuanto más inflexible sobre mis valores sea conmigo mismo, más creativo será mi comportamiento con él. Lo interesante de trabajar de este modo, sistemáticamente, es que para hallar una solución no es necesario cambiar los elementos del sistema. Todo lo que hay que hacer es cambiar las relaciones existentes entre los elementos. ¿Qué sucedería si hicieras esto? Tómalos a los dos e intercambia físicamente sus lugares.

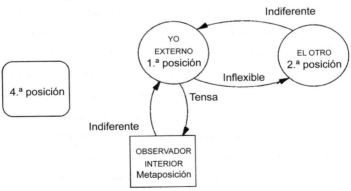

Figura 28. Diagrama de un sistema de relaciones

B.: De este modo parece muy fácil (riendo).

R.: ¿Qué ocurre? ¿La relación sigue siendo la misma?

B.: Me parece que ahora no hay ninguna.

R.: Y si no hay ninguna relación, ¿puedes empezar una nueva, aunque sea con esa misma persona?

B.: Sí.

R.: Ahora observemos a esta parte que está ahora en la metaposición, que es inflexible con respecto a tus valores y contigo misma. ¿Deseas ahora tener una relación con esa persona?

B.: No, en absoluto.

R.: ¿Qué tipo de relación te asegurarías de tener en caso de que en un futuro hablaras de nuevo con él?

B.: El problema ahora es que no deseo ya comunicarme con él.

R.: ¿Qué te haría desear comunicarte?

B.: Que fuese una persona más sincera. Un poco más auténtica.

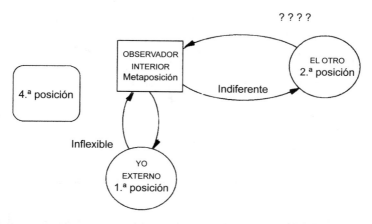

Figura 29. Cambio de posiciones perceptivas en una relación falta de apoyo

R.: Bien. Ahora ponte por un momento en su posición. Si estuvieras experimentando el mundo como esa persona, ¿qué te haría ser un poco más sincera y más auténtica? (Bárbara pasa a la posición de la otra persona. Piensa profundamente durante un momento).

B.: Confianza en sí mismo.

R.: Ahora salte totalmente del sistema y ven a la cuarta posición. Quiero que te des cuenta de algo importante: si tú generas confianza en esa persona, si actúas de modo que él sienta confianza, eso le hará actuar de una manera más auténtica. La pregunta es esta: ¿cómo actuarías para darle más confianza sin abandonar tus propios valores?

B.: Ciertamente, siendo inflexible no.

R.: ¿Cómo sería entonces?

B.: Siendo abierta y escuchando, por lo menos.

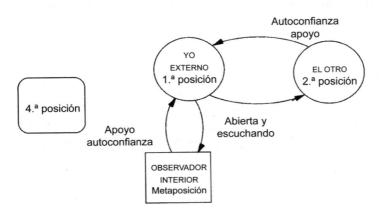

Figura 30. Diagrama del nuevo sistema funcional de apoyo

R.: Pero también asegurándote de que mantienes la inflexibilidad en lo referente a tus valores, aquí, en la metaposición, pues quiero que te des cuenta de que «siendo abierta y escuchando» no es ser indiferente a lo que soy y a lo que es importante para mí. Siendo abierta y escuchando no es ser absorbida, especialmente si soy inflexible allí, en la tercera posición. O sea, que puedo ser más abierta y escuchar más a esa persona porque tengo más apoyo de mí misma.

PASO 4: ENTRAR EN LA NUEVA RELACIÓN

R.: Desde la cuarta posición, visualiza el tú de la primera posición en esta nueva relación, siendo abierta y oyendo a la otra persona —pero apoyada por el tú de la metaposición que sabe quién eres y qué es inflexible en lo que se refiere a los valores y a la identidad—, sitúate en la primera posición y mira a esa otra persona.

(Bárbara se sitúa en la primera posición y ríe).

(Al auditorio:) Mirad esa fisiología. Es una combinación interesante de todas las demás.

(A Bárbara:) ¿Qué es lo que ocurre con esa persona?

B.: Es mucho más cómodo.

R.: ¿Cómo te sientes?

B.: Mucho mejor. Es totalmente diferente.

R.: Gracias. Con frecuencia el lugar en el que tenemos dificultades para comunicarnos con otra persona es un reflejo de cómo es la relación con nosotros mismos. En realidad ni el problema ni la solución están en la otra persona. Si soy capaz de ver cómo eso es en realidad un reflejo de mi relación conmigo mismo, entonces podré reestructurar el sistema de forma que me apoye a mí mismo. Con frecuencia esto transformará totalmente la relación. La técnica del metaespejo crea un contexto en el cual podemos cambiar las posiciones perceptivas dentro y fuera de la relación problemática hasta que hallemos el arreglo más apropiado y ecológico de los elementos en la molécula de relación.

RESUMEN DE LA TÉCNICA DEL METAESPEJO

1. Identificar a la persona con la que tenemos dificultad para comunicarnos. Visualizar a esa persona desde la primera posición (asociada) y nombrar el rasgo que hace que la comunicación sea difícil. Por ejemplo, «rígido», «insensible», «incongruente», «negativo», etc.
2. Volver a la metaposición (disociada de la relación) y visualizarse a sí mismo interactuando. Nombrar nuestro propio comportamiento en relación con la otra persona. Por ejemplo, «inquisitivo», «irritado», «asustado», «dispuesto», etc.
3. Darse cuenta de cómo nuestra forma de actuar refuerza o desencadena el comportamiento de la otra persona del sistema. (Si tú no estuvieras, ¿cómo actuaría la otra persona? ¿Seguiría con sus mismas reacciones?).
4. Pensar de qué otras formas podríamos reaccionar ante esa persona. Tal vez ya has intentado intercambiar vuestras reacciones. ¿Qué te hace seguir actuando del modo en que actúas en esta relación?
5. Ahora salte a un lado (a la posición «metacuarta») y mira cómo te tratas a ti mismo en esa relación. Por ejemplo, «tacaño», «enojado», «inquisitivo», «creativo», etc. Date

cuenta de a qué niveles lógicos (comportamiento, aptitud, creencia, identidad) operan las diferentes respuestas.

¿En qué sentido tu respuesta a ti mismo es un reflejo de lo que hace la otra persona?

6. Desde la posición «metacuarta», intercambia las dos posiciones relacionadas contigo mismo. Es decir, sitúa tus reacciones de la tercera posición (el modo en que te has estado tratando a ti mismo) en la primera posición, a fin de lograr ese nivel de respuesta en la otra persona. Sitúa tus antiguas reacciones de la primera posición en la tercera. Date cuenta de cómo este intercambio modifica todo el sistema y de cómo transforma la expresión de las reacciones.

7. Ponte en lugar de la otra persona (posición segunda). Visualízate a ti mismo desde sus ojos. ¿Cómo se ve tu comportamiento desde esa perspectiva? Desde la perspectiva de esa otra persona, ¿qué necesitas o qué quieres para ti?

8. Reasóciate en la primera posición revisada (es decir, la que ha sido sustituida por los actos de la anterior posición tercera). Date cuenta de cómo han cambiado tus reacciones y tu punto de vista.

9. Continúa intercambiando perspectivas y posibilidades de respuesta (en los niveles apropiados) hasta que sientas que la relación es mucho más equilibrada y funcional.

CAPÍTULO VI

CONCLUSIÓN

Vamos a repasar todos los elementos que hemos visto a lo largo de este libro.

Hemos comenzado separando las creencias del resto de las funciones de nuestras vidas y de nuestra conducta. Las creencias son algo distinto a las estrategias y a las aptitudes. No son iguales que las conductas y los comportamientos, y hemos dicho que tienen que ver con generalizaciones sobre las causas, los significados, los valores y los límites.

Se trata de un nivel distinto del comportamiento o conducta.

Discutir sobre la conducta no necesariamente cambiará la creencia, pues ambas se encuentran en niveles diferentes.

Comenzamos trabajando con algunas creencias sencillas sobre las aptitudes, descubriendo que lo que les da su fuerza no es el hecho de ser una imagen, un sonido o un sentimiento, sino el hecho de ser una molécula compuesta de relaciones, una sinestesia de imágenes, sonidos y sentimientos.

Nuestro primer paso fue reorganizar esas representaciones en sus claves fisiológicas de acceso apropiadas.

Así, luego pudimos reestructurar la relación de modo que dentro del sistema cada una de ellas apoyase a las demás.

A continuación profundizamos un poco más. Al llegar a las creencias importantes, creencias núcleo, hallamos que no son simplemente moléculas formadas por sistemas representativos, sino de relaciones críticas entre personas.

La molécula de la relación entre mi madre, mi padre y yo es mucho más que un grupo de representaciones sensoriales.

De nuevo, trabajamos para reorganizar esa molécula y formar con ella una estructura mucho más apropiada. Organizada en el tiempo y organizada por una posición perceptiva, pues muchas veces es difícil distinguir las creencias que hemos modelado de otros de las nuestras propias.

Separamos y reorganizamos esa molécula racional y nos fuimos a una posición fuera del sistema a fin de aportar los recursos necesarios para esa reorganización.

Finalmente, trabajamos con una molécula creada de nuestra propia identidad, cuya estructura crea un sistema reforzante, ya sea positivo o negativo. Esto forma una sinestesia del yo, una molécula del yo. Hemos explorado el modo de reorganizar ese sistema de relaciones de la manera más ecológica y apropiada.

MEDITACIÓN FINAL

Adopta una postura relajada. Deja que tu mente se ralentice y pase del proceso de captar información al de asimilarla y procesarla.

Tal vez puedas lograr una imagen de ti mismo como si flotaras sobre ti. Al mirar hacia abajo, céntrate en una parte de tu rostro con la cual te sientas a gusto, una parte que de algún modo defina quién eres tú.

Pueden ser los ojos, la boca, las cejas, la nariz, el mentón, las mejillas o la frente. Comienza enfocando esa parte. Acércate más a fin de comenzar a ver esa parte de ti a otro nivel.

Imagínate que estás viendo los poros de la piel y también los delicados vellos. Acércate más, aumentando la imagen todavía más hasta distinguir las células que forman tu piel; amplificando hasta ver perfectamente dichas células y sus núcleos, sigue aumentando y penetra en el núcleo. Allí, en las profundidades del núcleo, ves los cromosomas. Esos cromosomas proceden de tu padre y de tu madre, y se hallan integrados en una relación muy especial.

Al aumentar todavía más el enfoque sobre uno de los cromosomas, quizás puedas llegar a ver los filamentos del ADN que contienen tu código genético y tal vez penetrar dentro de los aminoácidos que forman ese ADN, observando las moléculas que constituyen esos aminoácidos. Profundizando y acercándote todavía más, verás los electrones que orbitan alrededor del núcleo atómico. Ahora el átomo comienza a girar alrededor de ti, con lo cual de pronto te hallas en el espacio infinito entre los átomos.

Luego comienzas a retroceder, viendo los electrones, los átomos que se agrupan para formar moléculas, las moléculas que configuran los aminoácidos que crean los genes y los filamentos del ADN, los cromosomas y desde ahí las células, que unas con otras forman los poros de tu piel. Luego esa piel se convierte en un trozo de tu cara. Al separarte todavía más ves la totalidad de tu cuerpo y también los cuerpos de quienes te rodean.

Te sigues separando y ves la habitación en relación con las demás habitaciones del edificio. Al irse este haciendo más pequeño y distante, ves también los otros edificios y los coches, como si fueran pequeñas células de la ciudad. Luego ves las afueras y también otras localidades. Pronto comienzas a distinguir las fronteras de tu país y de los países que lo rodean, así como las azules aguas del océano. Sigues alejándote entre las nubes, mirando a los continentes y viendo cómo los restantes océanos y continentes se van haciendo cada vez más pequeños. Finalmente empiezas a distinguir los límites de esa esfera, que ahora como una especie de joya de color azul se va haciendo cada vez más pequeña. Pronto comienzan a aparecer los demás planetas, cada vez más diminutos, hasta que los ves como si fueran átomos que se unen para formar moléculas.

Tal vez el propio sistema solar no sea más que una pequeña molécula del cuerpo de Dios y nosotros una pequeña parte de un cromosoma, de una célula de su rostro.

Mientras mantienes en tu mente todos esos sistemas, tal vez sea bueno e interesante recordar que existimos en todos esos niveles, quizás como un holograma.

Y si, como dijo Einstein, «el universo es un lugar agradable», las cosas que has aprendido aquí se integrarán en ti mismo del modo más ecológico y cómodo para ti.

Al comenzar a sentir a las otras personas que te rodean, las otras identidades, puedes regresar poco a poco a esta habitación. Pero trata de mantener algo de la sensación de esa enorme molécula de la cual formamos parte.

Quiero daros las gracias por vuestra participación, por vuestras preguntas, vuestra energía, vuestras creencias y, lo más importante, por ser vosotros, vuestras propias identidades. Nos veremos alguna vez. Si no es en este universo será en otro, pero estoy seguro de ello.

Adiós y gracias.

PATRONES DE METAPROGRAMAS

1. ORIENTACIÓN HACIA METAS Y PROBLEMAS

A. Hacia lo positivo
   Lejos de lo negativo

B. Ajuste (similitudes)
   Desajuste (diferencias)

C. Estilo pensante
   Visión
   Acción
   Lógica
   Emoción

D. Jerarquía de criterios (valores)
   Fuerza (control)
   Filiación (relaciones)
   Logros (metas)

2. ORIENTACIÓN HACIA LAS RELACIONES

   A. Yo – 1.ª posición

      El otro – 2.ª posición

      Contexto – 3.ª posición

   B. Comportamiento externo

      Respuesta interna

3. ORIENTACIÓN HACIA EL TIEMPO

   A. Pasado - recordado

      Presente - externo

      Futuro - construido

   B. En el tiempo (asociado)

      A través del tiempo (disociado)

4. ORIENTACIÓN HACIA LA ORGANIZACIÓN DE LA INFORMACIÓN

   A. Persona - quién

      Información - qué

      Lugar - dónde

      Tiempo - cuándo

      Actividad - cómo

   B. Tamaño del trozo

      Trozos grandes

      Trozos pequeños

PREDICADOS Y MOVIMIENTOS OCULARES

L a programación neurolingüística ha identificado una serie de indicadores verbales y no verbales que pueden ser utilizados como claves para descubrir fragmentos de los procesos mentales de una persona, con su colaboración consciente o sin ella.

1. CLAVES LINGÜÍSTICAS

Los «predicados» son palabras tales como verbos, adverbios y adjetivos que indican acciones o cualidades en lugar de cosas. Este tipo de lenguaje es generalmente seleccionado a un nivel inconsciente y así refleja la estructura subyacente que lo produce. La siguiente es una lista de predicados comunes que indican el uso de uno de los sistemas de representación.

VISUAL

ve	claro	confuso
mira	luminoso	sacar a la luz
ver	imagen	mostrar

AUDITIVO

oye	escucha	sonido
resuena	alto	palabra
ruido	suena la campana	

CINESTÉSICO

coge	toca	sensación
sólido	pesado	manejar
duro	conecta	mueve

2. MOVIMIENTOS OCULARES

Con frecuencia los procesos de pensamiento suelen ser acompañados por movimientos oculares automáticos e inconscientes, que indican el acceso a uno de los sistemas de representación. Estas posiciones oculares pueden también estimular el acceso y apoyar la actividad de un sistema sensorial particular. La PNL ha catalogado esas claves en el siguiente patrón:

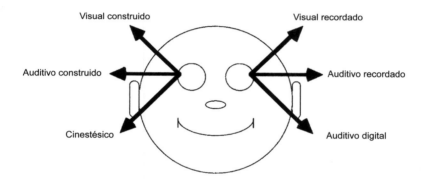

CUADRO DE MOVIMIENTOS OCULARES

NIVELES NEUROLÓGICOS

1. NIVELES LÓGICOS

Gregory Bateson señaló que en los procesos de aprendizaje, cambio y comunicación, existen unas jerarquías naturales. La función de cada uno de los niveles es organizar la información del nivel inferior, y las normas para cambiar algo en un nivel son diferentes de las necesarias para cambiar algo en uno inferior. Un cambio en un nivel inferior puede afectar a los niveles superiores, pero no necesariamente ocurre siempre. Sin embargo, todo cambio en un nivel superior modifica cosas en los niveles inferiores a fin de que estos apoyen los cambios realizados en el nivel superior. Bateson observó que, con frecuencia, la confusión de los niveles lógicos es lo que origina los problemas.

2. NIVELES LÓGICOS EN PNL

Los siguientes niveles lógicos son los más básicos e importantes en la PNL:

ESPIRITUAL

A. Quién soy yo - identidad (quién)

B. Mi sistema de creencias - valores, criterios (por qué)

C. Mis aptitudes - estados, estrategias (cómo)

D. Lo que yo hago - conductas específicas (qué)

E. Mi entorno - contexto exterior

TRANSMISIÓN

Misión

Permiso y motivación

Dirección

Acciones

Reacciones

3. NIVELES NEURO-LÓGICOS

Cada uno de estos diferentes niveles desencadena la acción de un «circuito» neurológico cada vez más profundo.

Espiritual - holográfico - el sistema nervioso como un todo.

A. Identidad: sistemas inmunitario y endocrino - vida profunda - funciones de sustento

B. Creencias: sistema nervioso autónomo (ritmo cardía-co, dilatación de la pupila, etc). - reacciones incons-cientes

C. Aptitudes: sistema cortical - acciones semiconscientes (movimientos del ojo, postura, etc).

D. Conducta: sistema motor (cerebelo y pirámide) - acciones conscientes

E. Entorno: sistema nervioso periférico - sensaciones y actos reflejos

4. EJEMPLOS DE MANIFESTACIONES DE LOS DIFERENTES NIVELES LÓGICOS

Las siguientes manifestaciones indican los distintos niveles de respuesta de una persona que ha sabido que tiene cáncer:

A. Identidad - Soy una víctima del cáncer
B. Creencia - No aceptar lo inevitable es crear falsas esperanzas
C. Aptitud - No soy capaz de mantenerme bien
D. Comportamiento específico - Tengo un tumor
E. Entorno - El cáncer me está atacando

Las siguientes manifestaciones indican los diferentes nive-les de alguien que está trabajando para conseguir una meta de salud:

A. Identidad - Soy una persona sana
B. Creencia - Si estoy sano puedo ayudar a otros

C. Aptitud - Sé cómo influir en mi salud
D. Comportamiento específico - A veces puedo actuar sanamente
E. Entorno - La medicina me ha curado

Las siguientes manifestaciones indican los distintos niveles en una persona que tiene problemas con la bebida:

A. Identidad - Soy alcohólico y siempre seré alcohólico
B. Creencia - Para mantenerme tranquilo y estar normal tengo que beber
C. Aptitud - No puedo controlarme en cuanto a la bebida
D. Comportamiento específico - En la fiesta había demasiada bebida
E. Entorno - Cuando estoy con mis amigos me gusta tomarme una copa o dos

5. TIPOS DE CAMBIO EN LOS DIFERENTES NIVELES LÓGICOS

A. Cambio evolutivo - cambio a nivel de identidad. Cambio en la misión y el propósito
B. Cambios generativos - cambio en los niveles de aptitud y creencias. Cambio en las motivaciones, permiso y dirección
C. Cambio de remedios - cambio en los niveles de comportamiento y de entorno. Cambio en las acciones y reacciones

SUBMODALIDADES Y METAMODALIDADES

SUBMODALIDADES

VISUALES	AUDITIVAS	CINESTÉSICAS
BRILLO (poco brillante)	VOLUMEN (alto-bajo)	INTENSIDAD (fuerte-débil)
TAMAÑO (grande-pequeño)	TONO (bajo-alto)	ZONA (grande-pequeña)
COLOR (negro y blanco-color)	PASO (rápido-lento)	TEXTURA (basta-fina)
MOVIMIENTO (rápido-lento-tranquilo)	TEMPO (rápido-lento)	DURACIÓN (constante-intermitente)
DISTANCIA (cerca-lejos)	DISTANCIA (cerca-lejos)	TEMPERATURA (caliente-fría)

ENFOQUE	RITMO	PESO
(claro-brumoso)		(pesado-ligero)
UBICACIÓN	UBICACIÓN	UBICACIÓN

PROFUNDIDAD
(tres dimensiones-plano)

METAMODALIDADES

ASOCIADA-DISOCIADA	PALABRAS-TONOS	EMOCIONAL-TÁCTIL
INTERNA-EXTERNA	INTERNOS-EXTERNOS	INTERNA-EXTERNA

GLOSARIO DE
TERMINOLOGÍA PNL

ANCLAJE - El proceso de asociar una respuesta interior con algún hecho externo (al igual que el condicionamiento clásico) a fin de que dicha respuesta pueda luego ser evocada de un modo rápido y muchas veces inadvertido.

APTITUD - Dominio sobre un cierto tipo de conducta. Saber cómo se hace algo. Las aptitudes proceden del desarrollo de un mapa mental que nos permite seleccionar y organizar grupos de comportamientos individuales. En PNL esos mapas mentales toman forma de estrategias cognitivas y metaprogramas.

AUDITIVO - Relativo al sentido del oído.

BENEFICIO SECUNDARIO - Cuando una conducta aparentemente negativa o problemática tiene, en cierto nivel, alguna función positiva. Por ejemplo, fumar puede ayudar a que la persona se relaje, o le puede servir de ayuda para crearse una cierta imagen de sí mismo.

BÚSQUEDA TRANSDERIVACIONAL - Proceso de búsqueda entre nuestros recuerdos almacenados y entre las representaciones mentales, a fin de hallar la experiencia de referencia de la cual se deriva una conducta o una reacción actual.

CALIBRACIÓN - Proceso por el que aprendemos a leer el inconsciente de otra persona y sus respuestas no verbales mediante una interacción comparando las claves de comportamiento observables con la respuesta interna concreta.

CINESTÉSICO - Relativo a las sensaciones corporales. En la PNL el término cinestésico se utiliza para designar todo tipo de sensaciones, incluyendo las táctiles, las viscerales y las emocionales.

CITAS - Patrón en el que el mensaje que deseamos entregar puede ser encerrado entre comillas, como si procediera de otra persona.

CLAVES O PISTAS DE ACCESO - Comportamientos sutiles que desencadenan e indican qué sistema de representación está utilizando la persona. Entre las claves de acceso típicas están los movimientos oculares, el tono de la voz, el ritmo, la postura corporal, los gestos y el ritmo respiratorio.

COMPORTAMIENTO O CONDUCTA - Acciones y reacciones físicas concretas a través de las cuales interactuamos con las personas y el entorno que nos rodea.

CONGRUENCIA - Cuando todas las creencias internas de la persona, sus estrategias y su conducta están totalmente de acuerdo y orientadas hacia la consecución del objetivo deseado.

CONTEXTO - El marco que rodea a un suceso particular. Este marco con frecuencia determinará cómo es interpretado un suceso o una experiencia concreta.

CREENCIAS - Generalizaciones firmemente mantenidas sobre (1) causa, (2) significado, y (3) límites de (a) el mundo que nos rodea, (b) nuestra propia conducta, (c) nuestras aptitudes y (d) nuestra identidad. Las creencias funcionan a un nivel diferente que la realidad concreta y sirven para guiar e interpretar nuestras percepciones de la realidad, generalmente conectándolas con nuestros criterios o sistemas de valores. Las creencias son difíciles de cambiar utilizando las normas típicas del pensamiento lógico y racional.

CRITERIOS - Los valores o estándares que una persona utiliza para tomar decisiones y hacer juicios.

CUÁDRUPLE - Método taquigráfico para anotar la estructura de una experiencia particular. Según este concepto, toda experiencia está formada por una combinación de los cuatro tipos primarios de representación (AVOC): A = auditivo, V = visual, C = cinestésico y O = olfativo/gustativo.

ENLACE CALIBRADO - Patrón inconsciente de comunicación en el que las claves y pistas conductuales de una persona desencadenan respuestas concretas de la otra.

ENTORNO - El contexto externo en el cual tiene lugar nuestra conducta. Nuestro entorno es lo que percibimos «fuera» de nosotros. No forma parte de nuestro comportamiento, pero sí reaccionamos ante él.

ESTADO - Total de las situaciones y condiciones mentales y físicas desde las cuales una persona actúa.

ESTRATEGIA - Una serie de pasos explícitos, mentales y conductuales utilizados para lograr un resultado específico. En PNL el aspecto más importante de una estrategia son los sistemas de representación utilizados para dar los pasos necesarios.

ESTRUCTURA PROFUNDA - Los mapas sensoriales (conscientes e inconscientes) que la gente utiliza para organizar y guiar su conducta.

ESTRUCTURA SUPERFICIAL - Palabras o lenguaje empleado para describir las representaciones sensoriales almacenadas en el cerebro.

FLEXIBILIDAD CONDUCTUAL - Capacidad de variar el propio comportamiento a fin de lograr —o asegurarnos de ello— que otra persona responderá de cierto modo.

GUSTATIVO - Relativo al sentido del gusto.

IDENTIDAD - Nuestro sentido de quién somos. Ese sentido de identidad organiza nuestras creencias, nuestras aptitudes y nuestra conducta integrándolas en un solo sistema.

INSTALACIÓN - Proceso de facilitar la adquisición de una nueva estrategia o de una nueva conducta. Una nueva estrategia se podrá instalar mediante una combinación de anclajes, claves de acceso, metáforas y marcaje del paso futuro.

MARCAR EL PASO - Método utilizado por los comunicadores para establecer rápidamente contacto con otra persona ajustando determinados aspectos de su conducta a los de ella. Se trata de reflejar ciertos comportamientos.

MARCAR EL PASO FUTURO - Proceso de ensayar mentalmente una situación futura para asegurarnos de que el comportamiento deseado ocurrirá de un modo espontáneo y natural.

METAMODELO - Modelo desarrollado por John Grinder y Richard Bandler que identifica categorías de patrones de lenguaje que pueden ser problemáticos o ambiguos.

METAPROGRAMA - Un nivel de programación mental que determina cómo clasificamos, orientamos y *troceamos* nuestras experiencias. Nuestros metaprogramas son más abstractos que nuestras estrategias concretas de pensamiento y definen nuestro enfoque general sobre un tema particular más que los detalles de nuestro proceso de pensamiento.

METÁFORA - Proceso de pensamiento sobre una situación o un fenómeno como si fuera otra cosa distinta, por ejemplo, cuentos, parábolas y analogías.

MODELADO - Proceso de observación y análisis de las conductas exitosas de otra persona.

NIVELES LÓGICOS - Una jerarquía interna en la cual cada nivel es más abarcante y tiene un impacto psicológico mayor. Por orden de importancia (de arriba abajo), algunos de estos niveles son: (1) identidad, (2) creencias, (3) aptitudes, (4) conducta y (5) entorno.

OLFATIVO - Relativo al sentido del olfato.

PARTES - Modo metafórico de referirnos a programas y estrategias de conducta independientes. Los programas o «partes» suelen desarrollar una personalidad que se convierte en uno de sus rasgos de identidad.

POSICIÓN - Una particular perspectiva o punto de vista. En PNL hay tres posiciones básicas que podemos adoptar para percibir una experiencia particular. La primera supone experimentar algo a través de nuestros propios ojos, estando asociados en el punto de vista de la primera persona. La segunda posición supone experimentar algo como si estuviéramos metidos dentro de otra persona. La tercera, retirarse y percibir las relaciones existentes entre nosotros y los demás, desde una perspectiva disociada.

PREDICADOS - Palabras (verbos, adverbios y adjetivos) que la persona selecciona para describir un sujeto. En PNL se utilizan los predicados para identificar qué sistema de representación está utilizando la persona para procesar la información.

PROGRAMACIÓN NEUROLINGÜÍSTICA (PNL) - Es un modelo conductual y una serie de habilidades y técnicas explícitas fundado por John Grinder y Richard Bandler en 1975. Se ha definido como el estudio de la estructura de la experiencia subjetiva. La PNL estudia los patrones o «programación» creados por la interacción que tiene lugar entre el cerebro (neuro), el lenguaje (lingüística) y el cuerpo, y que generan tanto las conductas efectivas como las inefectivas. Las habilidades y las técnicas se han derivado de la observación de los patrones de excelencia en expertos de diversos campos de la comunicación profesional, entre ellos la psicoterapia, los negocios, la hipnosis, el derecho y la enseñanza.

REENCUADRE (*REFRAMING*) - Proceso de PNL en el que una conducta problemática es separada de la intención positiva del programa interno o «parte» que es responsable de dicha conducta. Entonces se establecen nuevas opciones de conducta haciendo que la parte responsable del antiguo comportamiento o conducta se responsabilice de asimilar otras conductas que satisfarán la misma intención positiva pero sin generar subproductos problemáticos.

Resultados - Metas o estados deseados que una persona u organización aspira lograr.

Sinestesia - El proceso de extrapolación entre los sistemas de representación, caracterizado por fenómenos como los circuitos de ver-sentir, en los que la persona deriva sentimientos de lo que ve, y los circuitos de oír-sentir, en los que los sentimientos son desencadenados por lo que oye. Es posible unir dos modalidades sensoriales cualesquiera.

Sistema de representación primario - Cuando un individuo para procesar y organizar su propia experiencia utiliza sistemáticamente un sentido con preferencia sobre los demás. El sistema de representación primario determinará muchos de los rasgos de la personalidad, al igual que de las aptitudes de aprendizaje.

Sistemas de representación - Los cinco sentidos: vista, oído, tacto (sensación), olfato y gusto.

Situación bien formada - Una serie de condiciones que algo debe satisfacer para producir un resultado efectivo y ecológico. En PNL una meta particular está bien formada si puede ser: (1) expresada en términos positivos, (2) definida y evaluada de acuerdo con evidencias sensoriales, (3) iniciada y mantenida por la persona que desea la meta, (4) que conserve los subproductos positivos del estado actual y (5) contextualizada de modo que se ajuste a la ecología exterior.

SUBMODALIDADES - Cualidades sensoriales especiales percibidas por cada uno de los sentidos. Por ejemplo, entre las submodalidades visuales están el color, la forma, el movimiento, el brillo, la profundidad, etc.; entre las submodalidades auditivas, el volumen, el ritmo, el tono, etc., y entre las cinestésicas, la presión, la temperatura, la textura, la ubicación, etc.

TRADUCIR - Procesar las palabras pasando de un tipo de sistema de representación a otro.

TROCEADO - Organizar o dividir una experiencia en trozos más o menos grandes. El troceado hacia arriba supone moverse a un nivel de información más abstracto. El troceado hacia abajo significa moverse hacia un nivel de información más específico y concreto. El troceado lateral halla otros ejemplos en el mismo nivel de información.

UTILIZACIÓN - Técnica en la cual se marca el paso a una secuencia de estrategias concretas o a un patrón de conducta a fin de influir en la reacción de la otra persona.

VISUAL - Relativo al sentido de la vista.